Hi, Mr.Park!

High school과
마약 & 이민

개정판
Hi, Mr.Park!
high school과 마약 & 이민

초판 1쇄 발행 2022년 10월 14일
개정판 1쇄 발행 2024년 3월 25일

지은이 박수산
펴낸이 장길수
펴낸곳 지식과감성⁺
출판등록 제2012-000081호

교정 한장희
디자인 이현
편집 이현, 정은혜
검수 한장희, 정윤솔
마케팅 김윤길, 정은혜

주소 서울시 금천구 벚꽃로298 대륭포스트타워6차 1212호
전화 070-4651-3730~4
팩스 070-4325-7006
이메일 ksbookup@naver.com
홈페이지 www.knsbookup.com

ISBN 979-11-392-1721-6(03810)
값 12,000원

- 이 책의 판권은 지은이에게 있습니다.
- 이 책 내용의 전부 또는 일부를 재사용하려면 반드시 지은이의 서면 동의를 받아야 합니다.
- 잘못된 책은 구입하신 곳에서 바꾸어 드립니다.

지식과감성⁺
홈페이지 바로가기

박수산 지음

Hi, Mr. Park!

High school과
마약 & 이민
미국 이민 생활의 유쾌하지만은 않은 이야기!

개정판

차례

머리말　　　　　　　　　　　　　　　　8

어느 시골 피자집

시골 피자집　　　　　　　　　　　　　9
구인 공고　　　　　　　　　　　　　11
일하러 오는 학생들의 유형　　　　　12
처음 일하는 학생들의 약속　　　　　13
청소하는 방법　　　　　　　　　　　14
많은 학생들을 데리고 일을 해 본 경험　16
W군　　　　　　　　　　　　　　　　17
M군과 J군　　　　　　　　　　　　　19
해프닝　　　　　　　　　　　　　　　24
A군과 C군　　　　　　　　　　　　　26
K군　　　　　　　　　　　　　　　　34
피자집 벽시계　　　　　　　　　　　39
잘생긴 미남 O군　　　　　　　　　　40
가려운 부분을 잘 긁어 주는 T군　　　44
어느 학생의 아버지　　　　　　　　　46
E군　　　　　　　　　　　　　　　　48
R군　　　　　　　　　　　　　　　　49

D군과 S군	51
SAT(대학 입학 자격 시험)	60
마약	62
B군과 F군	63
어느 새아빠	67
핸디캡 손님	69
백인 노부부	71
보험 회사 사장님	72
라지 엑스트라, 치즈 피자 두 판	73
사냥꾼 손님	74
양파	75
치즈 스테이크 만드는 방법	77
대화	79
기억 속의 사진	81

비즈니스

시골 피자집 규모	82
비즈니스 계약 조건	83
고려해야 할 단점	84
피자집 운영 경험	85
계약 확정	86
S.B.A. 융자	87
S.B.A. 융자를 받을 수 있는 사람의 자격과 사업체	89
미팅	90
비즈니스 경험	92
첫 번째, 비즈니스와 합리적인 협상	95

미국 생활

전공	99
약속	102
강아지	104
경찰차	108
베지터블 팬케이크	111
퀴퀴하고 이상야릇한 냄새	114
평범한 시민의 삶	117
생명	120
홈 데포로 가는 길	121
레모네이드	123

삶의 문화	124
어느 이웃	127
GM, 올즈모빌, 실루엣 벤	130
현대차	133
변호사	135
스페셜 닥터	138
의료보험	141
어느 동성 부부	143
껄끄러운 관계	145
직업	147
노인의 취미 생활	151
비행기	153

기록

순댓국	155
김치볶음밥	157
여유로움	159

머리말

이제부터 쓸 이야기는 미국에서 8년간 피자 가게를 (2006년 7월부터 2014년 9월)까지 운영하면서 고등학생과 동네 이웃 그리고 나의 미국에서의 삶과 평범한 미국인의 일상에 대하여 이야기를 남기려는 마음에서 비롯됐다.

미국에서 운영하던 피자 가게는 메릴랜드주 작은 카운티에 있는 조용하고, 아주 한가로운 2차선 국도 대로변의 고등학교 앞에 있다.

건물 모양은 단층으로 된 조그마한 상가이고 업종이 다른 4곳의 가게가 있다. 세븐일레븐, 이발소, 피자, 네일샵.

피자 가게는 우리 부부를 비롯하여 평일에는 3~4명이, 금요일과 토요일에는 5~6명이 근무한다. 그리고 가게 주인이 몇 번이나 바뀌어도 이곳에서 계속 근무하는 백인 할머니, 파트타임 고등학생들이 있다.

시골 피자집

피자집의 파트타임 종업원은 대부분 피자집 도로 맞은편에 있는 고등학교 학생들이다. 모두 남학생이었고 10~12학년 학생들이다.

그중에서 10학년에 해당하는 학생들은 학교 선생님에게 사인을 받은 서류를 가져와야 일할 수 있다. 이곳의 고등학교 인종 비율은 나의 개인적인 생각으로 대략 백인 70%, 흑인 10~15%, 나머지는 남미 및 아시안 정도로 보였다. 동네 가구 소득은 중간 정도이며, 한국의 분위기를 생각하면 아주 조용한 시골 마을 정도로 보인다.

동양인은 나와 아내, 그리고 가게가 바쁠 때 전화하면 바로 달려와서 우리를 도와주시는 주립대 교수의 부인인 한국인 아주머니, 네일 숍과 이발소를 운영하는 아시아인 정도다.

나는 미국에서 이민 생활을 하면서 피자집을 운영하였던 이 기간이 가장 기억에 남고, 매우 즐겁고, 소중한 시간이었다고 느낀다.

처음 학생들과 같이 일을 할 때는 주인이 동양인이라고 속으로 무

시하면서 겉으로는 아닌 척하는 학생들도 있었지만, 대다수는 진심으로 나를 주인으로 생각했다. 나 또한 어린 학생들을 내 자식처럼 생각하고 같이 일했다.

우리 피자집에서 일을 하는 학생들은 종종 나에게 자기 집안에 대한 이야기를 했다. 내가 자기들의 이야기를 완벽하게 이해 못하는 줄 알면서도 주절주절 이야기했다.

우리 가게에서 일하는 학생들은 너무나 순진하고, 착하며 또 영어가 부족한 나를 진심으로 이해해 주려고 노력했다. 나는 그럴 때마다 미국 청소년을 다시금 생각하게 되었다. 특히 몇몇 학생은 나의 기억 속에서 영원히 잊히지 않을 것이다. 물론 숙련이 전혀 되어 있지 않은 학생들과 일을 할 때는 학생들을 항시 주시하고, 긴장을 절대로 풀지 않았다(매우 중요).

* 교육 과정상 미국은 9월에, 한국은 3월에 새로운 학년으로 진급한다.
* 미국의 고등학교 10학년은 한국의 고등학교 1학년과 비슷한 개념이다.

구인 공고

항시 종업원 구한다는 플라스틱으로 만들어진 사각 판을 가게 창가에 붙여 놓았다. 구인 공고를 보고 일하고 싶다면 서류에 인적 사항을 적어 낸 후 간단한 면접을 보고 누구나 일을 시켰다.

고등학교 10학년 학생들도 학교 선생님의 허락을 받은 종이를 들고 찾아왔다. 주위에 소문이 났는지 부모와 함께 학생들이 많이 찾아왔다. 피자집을 운영하는 기간 동안 근무한 고등학교 학생 수는 약 30명 이상이라고 생각된다(모두 파트타임으로 근무).

일하러 오는 학생들의 유형

부모와 학생이 함께 와서 대체로 부모들이 부탁했다. 학생에게 일을 시키면 대부분 1주 내지 2주 정도 하고 그만뒀다. 거의 정확하다.

학생이 혼자 가게로 찾아와 동양인인 나를 잘 쳐다보지도 못하고 머리를 숙이거나 얼굴이 빨개지고, 매우 수줍어하면서도 일하고 싶다고 말하는 학생도 있다. 그런 경우 대다수는 오랫동안 근무하고, 성실하며, 책임감이 있고 학교 성적 또한 대체로 좋은 것 같아 보였다.

처음 일하는 학생들의 약속

① 두 번 지각하는 경우 자동으로 피자집에서 근무하지 못한다.
   (이 조항 때문에 가게로 일하러 오는 학생들이 무척 신경을 씀)

② 주급은 2주에 한 번으로 지급한다.

③ 시간당 급료는 최저 임금으로 한다(그 당시 최저 임금은 7불 정도).

④ 팁은 직원들과 균등하게 나눈다(팁을 담는 깡통은 계산대 옆에 두었음). 보통 평일에는 하루에 팁이 20불 정도 나오고 주말(금, 토)에는 조금 더 많이 나온다.

⑤ 2주 동안은 가게 청소만 하고, 2주가 끝난 후부터 피자 만드는 법을 배울 수 있다.

* 현재(2024년) 1달러 환율은 약 1,300원이며, 현재 환율로 7달러는 약 9,100원이다.

청소하는 방법

이곳 피자 가게를 1960년 초에 창업했기에 가게 대부분에 기름때가 상당히 많았다. 특히 바닥 타일은 기름때가 심했다.

① 한국에서 사용하는 빨간 고무장갑 한 켤레를 지급한다.
② 철 수세미 세 개를 하나로 묶어서 지급한다.
③ 무릎 받침대를 준다(홈디포에서 구매).
④ 눈을 보호할 수 있는 안경을 준다.
⑤ 큰 빗자루와 대걸레 그리고 대걸레를 세탁할 때
   사용하는 통을 지급한다.
⑥ 1갤런 깡통에 물과 물비누를 섞어서 준다.

처음에는 빗자루로 홀 전체를 쓸고 그다음 무릎을 꿇어 비눗물을 묻힌 철 수세미로 바닥 타일을 닦게 한다. 화장실도 똑같은 방법으로 청소한다.

피자 가게는 에어컨을 항시 틀어도 열을 내뿜는 기계들이 많이 있어 매우 덥다. 처음 일하는 학생들이 홀에서 빗자루 청소 하는 것을 보면 이 학생이 오랫동안 근무할 학생인지 아닌지를 매우 정확히 알 수 있다.

많은 학생들을 데리고 일을 해 본 경험

처음 일을 해 보는 학생들이 무릎을 꿇고 비눗물이 들어 있는 1갤런짜리 깡통을 끌고 다니며 의자 밑을 철 수세미로 닦은 후 미는 대걸레로 다시 닦는 과정은 꽤 곤욕스러울 것이다. 특히 여름철에는 학생들이 많은 땀을 흘린다. 주방에서 피자를 만드는, 오래 근무한 학생들은 새로 들어와 홀에서 무릎 꿇고 청소하는 학생의 이름을 부르고, 깔깔 웃으며 "Take it easy!"라고 큰 소리로 놀리기도 한다.

1주일 또는 2주일 정도 근무한 후 대부분의 학생들이 그만둔다. 아니면 연락도 없이 안 나온다. 그러면 바로 일한 시간을 계산하여 수표를 써 우편으로 보낸다.

대체로 덩치가 큰 학생들은 오래 못 버틴다. 학생들이 무릎을 꿇고 일을 해 본 경험이 없어 매우 힘들어하기 때문이다. 그런데도 같은 학교 친구들과 함께 일을 하니까 서로 와서 일을 하려고 한다. 청소 기간을 끝낸 학생들에게는 주방에서 피자 만드는 법을 아주 천천히 가르쳐 준다.

W군

어느 날 처음으로 동양인 학생이 우리 피자집에서 일을 하고 싶다고 찾아와서 일을 시켰다. 얼마 지나 알고 보니 우리 가게에서 얼마 정도 떨어진 곳에 있는 중국 음식 포장점(Chinese Carry Out)을 운영하는 주인의 아들이었다.

W군은 학교 친구들이 피자 가게에서 종업원을 구한다고 알려 주어 학교 친구들과 같이 어울려 일하고 싶어 온 것이다.

W군은 주방에서 일을 시작하기 전 먼저 앞치마를 두르고 피자 도우에 뿌리는 밀가루를 자기 얼굴과 옷, 그리고 앞치마에도 듬뿍 뿌렸다. 그러고는 함께 일하는 같은 학교 친구 학생들과 웃으며 떠들었다(나도 너희들과 같이 여기 피자집에서 일한다는 뜻). 나는 그 모습을 보고 W군에게 밀가루는 얼굴에 뿌리는 것이 아니라 피자 도우에 뿌리는 것이라고 말하고, W군의 그 모습이 너무 우스워 같이 웃어 버렸다.

W군이 일하는 시기는 학교 여름 방학 기간이었다.

어느 날 바쁜 점심시간에(W군이 일하는 시간) 우리 가게 문밖에서 어느 동양인 중년쯤 보이는 남성이 서성거리며 전화하는 모습을 보고 W군에게 누구냐고 물으니 자기 아버지라고 했다.

W군 아버지가 W군에게 전화로 집에서 운영하는 가게로 와 일하라고 하는 것 같았다(서로 중국어로 통화). W군은 부모의 가게에서 일하기 싫다며 친구들과 피자집에서 일하겠다고 자신의 아버지와 중국어로 실랑이하는 듯했다. 상황을 보니 W군을 부모의 가게로 돌려보내야 되겠다는 생각이 들어, 가기 싫다는 W군에게 고등학교 졸업하고 다시 와 일하라고 타일렀다. 그때 다시 받아 주겠다고 약속했다.

지금 너희 아버지가 밖에 와 있고 너희 식당도 매우 바쁠 것 같으니 네가 꼭 필요할 것이라고 하며 타일렀다. W군은 그제야 수긍했다. 그리고 시무룩한 표정으로 같이 일한 학교 친구들과 인사를 하고 가게 밖에서 기다리고 있는 아버지와 함께 자기네 가게로 갔다.

지금 이 글을 쓰면서도 W군의 모습이 눈에 선하다. 나도 피자집에서 너희들과 같이 일을 한다고, 자기 얼굴과 옷에 밀가루를 뿌리며 웃던 모습이.

M군과 J군

M군

우리 피자 가게에서 M군의 집까지는 약 0.5마일 정도 떨어져 있고, 그의 집은 강줄기에 붙어 있다. M군은 몸집이 작고 매우 다부진 체격이며, 항상 신이 나 있다. 인사성이 아주 좋고, 매우 밝은 성격이다.

방학 기간 중 가끔 한 번씩, 늦잠 자다 지각했다며 나를 보고 웃으며 스스로 잘못을 이야기했다. M군이 일하는 모습은, 매우 빠르며, 항상 신이 나 있고, 주로 피자를 만들 때 신이 나 콧노래를 부른다.

이곳은 바다와 가깝고 강줄기가 있어 지리적 특성상 게가 많이 잡히는 곳이다. 이곳에서 잡히는 게를 가끔 먹었는데, 먹을 때마다 느끼는 것은 게살이 적다는 것이다. 생김새나 모양은 우리나라 서해안에서 잡히는 게와 매우 흡사하다.

M군과 J군은 먼 친척 관계이다. 어느 날 M군과 J군이, 자신들이

일하는 시간이 아닌 시간에 와서 "Hi, Mr.Park!" 하고 가게 문밖에서 인사를 했다. 얼떨결에 나도 같이 인사를 하고, 어떻게 왔냐고 물으니, 나에게 잠시 문밖으로 나와 보라고 했다. 가게 밖으로 나가 보니 M군이 한 손에 누런 봉투를 들고 있고 봉투에는 무언가 두툼하게 담겨 있었다.

둘은 얼굴이 빨개지며 수줍어하는 모습으로 집 앞에서 게를 잡았는데 가게의 스몰 피자와 바꾸어 먹으면 안 되겠냐고 내게 물었다. 나는 그들이 갖고 온 누런 봉투 안을 살폈다. 대충 10마리 정도의 게가 들어 있었다. 나는 그들의 귀여운 모습을 보고 "이번 딱 한 번만 OK. 다음부터는 절대로 안 된다"라고 말했다.

M군과 J군은 신이 나서 스몰 피자를 가져갔다. 나는 그들이 잡아 온 게로 아내와 매운탕을 맛있게 끓여 먹었다. 지금도 그때의 아이들 모습을 생각하면 무척 귀엽고 재미도 있다. 전혀 때 묻지 않은 그들의 모습이 요즘도 많이 생각난다.

J군

 개인적인 생각으로 미국에서는 이름에 따라서 외모, 성격, 행동 등 고유한 개성에 차이가 나타나는 것 같다.

 J군은 덩치가 매우 크며, 키는 1m 80cm 이상인 듯하다. J군은 앞에서 소개한 M군과 항상 같이 다닌다. 내가 J군에게 정말 놀란 것은 처음 피자 만드는 법을 가르쳐 줄 때부터 아주 잘 따라 했다는 것이다.

 가게의 피자 크기는 8인치-스몰 피자, 12인치-라지 피자, 18인치-몬스터 피자 세 가지로 나뉜다. 어느 날 J군이 몬스터 피자를 (18in) 만드는 것을 보고 정말 깜짝 놀랐다. 처음 기계에서 피자 도우를 약간 넓히는 작업을 끝내면 손가락으로 피자 반죽을 공중에서 빙글빙글 돌려서 넓혔다. 동시에 "Mr.Park"이라고 큰 소리로 부르며 나에게 자기를 보라고 소리쳤다.

 나는 정말 깜짝 놀랐다. 고등학생이, 그것도 일을 시작한 지 얼마 되지 않은 시기에. 나도 피자를 무수히 만들어 보았지만 공중에서 손가락으로 돌려 피자 반죽을 크게 넓히지는 못했다.

 더불어 J군은 손가락으로 공중에서 피자 도우를 돌리다가 갑자기 넓힌 피자 도우를 피자 늘리는 판 위로 정확하게 떨어트렸다. 큰 피자 도우가 피자 미는 곳으로 떨어지면 그곳에 있던 피자 도우에 바르는 밀가루가 사방으로 튄다. J군의 머리, 얼굴, 앞치마, 옷에까지. 상체 전체에 밀가루를 뒤집어썼다. 그러고는 스스로 매우 흡족한 듯 웃으며 눈을 지긋이 감고는 고개를 끄덕, 끄덕거렸다.

홀에서 음식을 먹고 있던 손님들이 J군의 피자 만드는 모습을 보고 "와"라고 큰 소리를 내며 박수를 쳤다. J군은 피자를 만드는 일에 매우 소질이 있는 듯했다.

내가 추측하기로 J군은 여름 방학 기간 동안 우리 피자 가게에서 일을 할 때 간혹 마약을 접하는 듯했다. 학생들이 가게에 일을 하러 오면, 서로 인사를 하고 난 후부터 학생의 눈과 몸 상태를 유심히 살펴봤기 때문에 알 수 있었다. 그의 눈을 보면 가끔 충혈이 되어 있고, 힘이 없어 보이며, 눈꺼풀이 자주 내려왔다.

그런 J군을 보며 자주 그를 관찰하고 신경을 바짝 써서 지켜봤다. 그리고 나는 자주 큰 소리로 "J군, OK?"라고 물어봤다. 그러면 J군은 고개를 푹 숙이고 "I'm OK"라고 대답했다. 나는 음식도 만들고, J군도 신경을 써야 했기에 머리카락이 바짝 서 있을 지경이었다. 왜냐하면 피자는 학생들이 주로 만드는데, 처음 피자 도우를 늘릴 때 기계에 피자 도우를 넣어 늘리는 작업이 굉장히 위험하고 매우 주의 깊게 하여야 했기 때문이다.

그런데 어느 날 J군의 표정을 보니 마약을 하고 출근한 듯 보였다. J군이 한참 피자를 만들 때 처음 본 같은 또래 청년이 가게 문을 조금 열고 얼굴만 삐죽 내밀며 J군의 이름을 연속으로 부르며 손을 흔들었다.

J군은 피자 도우를 늘리면서 그 학생을 본 후 고개를 숙이고 "노, 노, 노"라고 흐느끼며 매우 큰 소리로 말했다. 그 당시의 J군의 모습은 너무나 충격적이여서 나는 그의 모습이 오랫동안 잊혀지지 않았다. 그 학생은 그가 약기운이 떨어질 시간을 알고 지금 내가 약을 갖고 있다는 뜻으로 J군의 이름을 불렀다고 생각된다.

또한 마약을 판매하는 조직에서 마약을 구매한 사람이 마약의 효과가 떨어질 시간이 되면 다시 찾아가라고 시킨 것 같다는 생각도 든다.

극소수 학생들은 호기심으로 마약에 손을 댔다가도 빠져나오지만, 또 극소수의 학생들은 마약을 못 끊는 경우도 있다. 내가 피자집을 운영하는 곳이 변두리 시골이며 꽤나 안정되고 중간 소득이 되는 지역인데, 이런 곳까지 마약이 파고드는 것을 보니 매우 심각하게 느껴졌다. 지금의 한국도 마약의 안전지대는 아닌 것처럼 보인다. 학생들의 마약 관련 이야기는 뒤에서 좀 더 다루려고 한다.

해프닝

피자 가게를 인수하고 3개월 정도가 되었을 때 초겨울 저녁 7~8시경 가게 밖은 어두컴컴한 상태였다. 홀에는 나이가 지긋하신 백인 할머니 한 분과 손님 몇 테이블이 있었고, 주방에서는 나와 M군, 다른 학생 1명과 아내가 있었다.

가게 안으로 갑자기 두 사람이 들어오더니 검정색 후드 점퍼를 입은 젊은 사람이 머리를 숙이고 쏜살같이 계산대 앞에 놓인 금전 등록기를 들고 가게의 문밖으로 뛰어 달아났다. 금전 등록기에는 전기 배선과 전화선이 있는데 선들이 붙어 있는 그대로 금전 등록기를 들고 현관문을 박차고 달아난 것이다.

너무나 갑작스러운 상황을 모두가 멍하니 보고 있었고 손님들 중에서 나이가 많으신 백인 할머니는 가슴에 손을 얹고 어쩔 줄 모르고 있었다. 정신적으로 충격을 많이 받은 듯 보였다. 나는 바로 그들을 쫓아 나갔는데 밖이 너무 어두워 어디로 도망갔는지 알 수가 없었다. 상황이 끝나고 나와 아내가 매우 놀란 백인 할머니를 진정시켰다. 홀에서 식사를 하던 손님들도 너무 놀라 당황하고 백인 할머니는 계속해서 가슴을 쓸어내리고 있었다. 얼마 지나지 않아 온 동네에, 가까이 있는 고등학교까지 소문이 모두 퍼졌다.

  그런 사건이 있은 후(약 두 달 정도 지난 후) M군과 일하고 있는데 M군이 "Mr.Park" 하고 나를 조용히 부르더니 우리 가게 홀, 안쪽에서 음식을 먹고 있는 2명의 젊은 아이들을 잘 보고 기억하라고 말했다. 나는 M군의 말을 듣고 그들이 앉아 있는 식탁으로 가서 두 명의 남성 얼굴을 확인하고, 그들이 시킨 음식을 가져다주었다. 다시 한번 더 그들의 얼굴을 확인하고, 얼굴을 뚫어지게 쳐다보며 음식이 맛있냐고 물었다. 청년들은 나를 힐끔 쳐다보고, 머리를 숙이고 서로 키득, 키득거리며 웃고 있었다.

  M군과 가게에서 일을 하는 학생들은 주변 소문을 들어 누가 금전등록기를 훔쳐 갔는지 아는 듯한 눈치였다. 결국 그런 사건이 있은 후 가게에 방범 카메라를 설치했다.

  미국에서 작은 가게를 운영할 때는 항상 긴장이 필요하고 특히 가게 마감 시간에는 신경을 더욱 써야 했다. 미국 어디에도 안전한 곳은 없다고 먼저 이민 오신 선배들께서 많이 이야기한다.

A군과 C군

　이 두 학생은 우리 가게에서 근무한 학생 중 지금쯤, 가장 성공한 학생들이 아닐까 하는 생각이 든다. 둘은 쌍둥이며 형 A군은 키가 좀 더 작고 몸이 아주 다부지다. 동생 C군은 형보다 키가 조금 더 크다.

　어느 날 매우 바쁜 점심시간에 손님들이 긴 줄로 서 있는데 어느 학생 차례가 되어 다가왔다. 얼굴 표정은 빨개지고, 수줍어하며 말은 약간 더듬으면서 하는 말이 자신도 여기에서 일하고 싶다고 했다.

　바쁜 영업시간이기에 나는 서류에 인적 사항을 적어 놓고 가라고 말했다. 그리고 조금 지나, 그가 또다시 와서 방금 전과 똑같이 일하고 싶다고 하기에, 내가 방금 전에 다녀간 게 아니냐고 물으니 그 아이는 자기 동생이고 본인은 형이라고 대답했다. 어찌나 똑같이 생겼는지 처음 본 나는 구분이 잘 안되었다. 쌍둥이 둘 모두 일을 시켜봤다. 우선 둘 다 말이 없고, 시키는 대로 성실하게 하며 그리고 일을 섬세하게 했다.

형 A군

　키는 1m 70cm 정도 되고 체격이 굉장히 다부졌다. 프로 야구 워싱턴 D.C. 팀을 매우 좋아하며, 주급을 받아 로고가 박힌 재킷을 사서 입고 다녔고 새 자켓을 나에게도 무척 자랑했다. 착하고, 매우 성실하며, 머리가 좋고 학교 성적 또한 매우 좋다.

동생 C군

　키는 1m 80cm 이상 되고 다니고 있는 고등학교에서 농구 선수로 활약했다(농구를 하다 허리를 다침). 체격 역시 건강했다. 너무나 착하고 매우 성실하며, 머리 또한 매우 좋고, 학교 성적도 매우 좋다(아내는 C군을 보고 천사와 같이 착하다고 칭찬함).

　둘은 항상 같이 다녔다. 쌍둥이 형제가 타고 다니는 차는, 1980년 초쯤 만들어진 듯한 수동 기어가 있는 아주 오래된, 일제 토요타 코롤라이다. 내 생각에는 새아빠가 준 듯했다. 새아빠는 토요타 딜러에서 일한다고 나에게 말했다. 형제는 청소 기간을 끝내고 피자 만드는 법을 가르쳐 주자 매우 유심히 본 후, 아주 천천히, 그리고 매우 정확하게 따라 했다.

　몇몇 학생들은 내가 피자 만드는 법을 가르쳐 줄 때, 피자 도우에 바르는 피자 소스의 양과 피자 토핑에 필요한 재료의 양과 간격을 (페퍼로니) 많은 시간 동안 가르쳐야 했다. 그러나 쌍둥이 형제는 처음부터 나에게 배운 대로, 아주 천천히, 매우 섬세하게, 피자 소스를 바르는데, 피자 도우의 끝부분 1cm 정도만 정확히 남기고 원을 그리며 아주 예쁘게 소스를 발랐다.

형제에게 며칠 정도 피자 만드는 법을 가르쳐 주니 너무나 완벽하게 피자를 만들고, 피자 토핑 역시 아주 예쁘게 하며, 치즈 및 재료를 매우 정확하게 썼다. 형제의 손재주는 아주 많이 섬세했다.

어느 정도 피자를 만든 경험이 있은 후 A군과 C군은 바쁜 점심시간에 내가 음식을 만들 때 내 옆에서 보조를 하며 나를 도와주었다 (그 당시 가게 주방은 자동화 시스템이 갖추어진 주방이 아님).

가게가 바쁜 시간대에는 음식을 만드는 내 앞에 손님의 주문 종이가 10장 넘게 끼워져 있었다. 쌍둥이 형제는 내 옆에서 보조를 하며 손님의 주문 종이를 한 번 보고 정확히 기억하고 나를 도와주었다. 간혹 내가 손님이 주문한 종이와 다르게 음식을 만들면, 그들은 내게 다시 만들어야 한다며 수정시키기도 했다.

나는 손님이 음식 주문한 종이 하나, 하나를 보고 음식을 만드는데 쌍둥이 형제는 여러 주문 종이를 한 번 보고 정확하게 기억하여 음식을 만드는 나를 도와주는 역할을 해 줬다. 나는 쌍둥이 두 형제와 일을 할 때면 아무리 바쁜 시간에도 피자 가게 일이 매우 쉽고, 또 매우 즐거웠다.

A군과 C군은 부모가 이혼 후 플로리다에서 자신의 친엄마를 따라 이곳으로 와서 새아빠와 같이 살고 있었다. 매년 학교 여름 방학 기간에 형제는 주급을 모아 친아빠가 살고 있는 플로리다에 다녀온다.

한번은 둘이 방학 기간에 친아빠가 사는 플로리다에 갔다 와 다시 가게로 출근하였는데, 나와 아내에게 플로리다 관광지가 새겨진 티셔츠를 선물로 주었다. 어찌나 귀엽고 착한 학생들인지, 생각하면 할수록 더욱 마음이 쓰였다. 어느 날 한가한 점심시간에 켈리포니아 롤(스시 종류)을 만들어 두 형제와 같이 먹는데 매우 큰 소리로 "베리 굿, Mr.Park"이라 하며 두 엄지 손가락을 치켜 세우는 모습이 너무 사랑스럽고 귀엽게 느껴졌다.

나는 고등학생인 직원들과 같이 일을 할 때, 물론 매우 긴장도 되고 항시 신경도 써야 했지만, 그와 반대로 나의 에너지가 더욱 넘치고 일 또한 즐겁고 스스로도 행복했다. 지금도 영어를 잘하지는 못하지만, 그 당시에는 더욱 못해서 학생들에게도 영어 단어로 이야기하고 나머지는 한국말로 하면서 일했는데 학생들 모두 척, 척 바로 내 말을 잘 알아듣고 행동해 줘서 고마웠다.

3월이 되면 피자집에서 일하는 모든 학생들과 NCAA, 대학 농구를 보며 함께 웃고, 떠들며 즐겼다. 16강이 결정되면 모든 신문 뒷면 전체에 크게 나오는데, 그 신문을 워킹 박스 문에 붙여 놓고 16강으로 올라온 대학 팀 중 자기가 좋아하는 대학 팀에 1불($)씩 붙여 놓고 우승한 팀을 맞춘 학생이 몽땅 돈을 가져가는 게임을 했다. 대학 농구 시즌에는 가게에서 일을 하는 학생들이 자기가 좋아하는 대학을 응원하느라고 난리도 아니었다.

피자 머신에서 피자가 만들어져 나와도, 그리고 피자 주문 종이가 겹겹이 쌓이는 줄도 모르고 소리치며 TV에만 집중했다. 나 또한 일하는 학생들과 함께 내가 살고 있는 지역 대학 팀에 1불($)을 걸고 학생들과 같이 응원했다.

A군과 C군은 내가 영어가 부족하여 어느 상황의 이해가 잘 안 될 때 내가 잘 이해하게끔 설명을 해 주었다. 피자 가게에서 학생들과 많은 시간을 함께 있으니 나에게 자기들의 진로에 대한 이야기도 많이 했다.

어느 날 쌍둥이 형제와 함께 일하는 시간에 "Mr.Park!" 하면서 나를 부르더니(그 시기는 고등학교 졸업 시즌이었음) 자기 형제는 이 지역에 있는 전문 대학(Community college)에 가기로 마음먹었다고 했다. 나는 그들의 이야기를 듣고 A군과 C군에게 아주 잘한 생각이라고 말하고 전문 대학(Community college)에서 2년 동안 공부를 하고, 주립 대학으로 가면 너희의 부모님이 많은 돈을 절약할 수 있다고 이야기해 주었다. 내 생각으로는 쌍둥이 형제는 성적이 좋아서 충분히 주립 대학에는 갈 수 있을 것이라고 생각되었다 (단지 집안 사정으로 인하여 일정을 미루는 것).

그리고 며칠 뒤 쌍둥이 형제가 다시 내게 다가와 하는 말이 새아빠가 정규 대학을 보내 준다고 약속했다고 말했다. 나에게 그 말을 하는 그들의 표정은 매우 흥분되어 있고 신이 나 있었다.

나는 쌍둥이 형제의 이야기를 듣고 "아주, 아주 잘됐다!"라고 말하며 너희 새아빠는 정말 대단한 사람이라고 하였다. 쌍둥이들도 자신들 역시 그런 생각을 한다며 둘이서 두 엄지손가락을 치켜세워 보였다.

미국 중산층 가정에서 두 명의 자식을 동시에 대학을 보내면 재정적으로 많이 힘들 것이라고 생각된다. 내가 알기로 쌍둥이 형제의 새아빠는 미국에서 아주 평범한 가장이다. 더욱 놀란 것은 새아빠에게 아들이 둘이 있는데 한 명은 사회인이지만 다른 한 명은 대학생이라는 것이다. 쌍둥이의 새아빠는 세 아이를 모두 대학에 보내는 일이 정말 쉽지 않은 결정인데 A군과 C군을 생각하여 쉽지 않은 결정을 한 것 같았다. 다시 한번 쌍둥이 형제의 새아빠의 마음을 생각하게 되었다.

어느 날 쌍둥이 형제가 자기들이 일하는 시간이 아닌 시간에 와 자기들과 생김새가 아주 비슷한 자기 또래의 한 아이를 나에게 인사시켜 주었다(소개시켜 준 아이는 쌍둥이들보다 2살 정도 어리게 보임). "Mr.Park" 하고 부르더니 자기 형제라고 말을 하는데 쌍둥이 형제와 너무 닮아 보였다. 그리고 하는 말이 플로리다에 사는 친아빠의 아들이라고 했다.

그리고 쌍둥이 형제쯤 되어 보이는 같은 또래 청년과 성인 정도로 보이는 또 다른 청년을 나에게 소개시켜 주었다. 이들은 새아빠의 친아들이라고 했다(새아빠의 친아들 1명은 대학에 다니고 있었음). 5명의 또래 청년들의 상황을 듣고 나는 너무나 흐뭇한 마음이 들었다. 그리고 피자를 먹고 가라고 하였다.

쌍둥이 형제는 정규 대학을 졸업하였다. 대학을 다닐 때도 집으로 돌아올 때면 가게에 항상 들러 나에게 인사하러 왔다. "Hi, Mr.Park"이라며 피자집에서 일하는 학생의 부모들도 가게로 자주 찾아와 나에게 인사했다(주로 자기 자식 잘 부탁한다고 하는 것임).

쌍둥이 형제의 부모 역시 자주 가게로 찾아와 인사할 때면 새아빠의 인상이 너무 선하게 잘생기고 정말 멋져 보였다. 첫인상은 영화, 〈바람과 함께 사라지다〉의 남자 주인공처럼 보였다.

대학에 다니는 미국 대학생들은 체력이 매우 튼튼한 것처럼 보였다. 어느 날 대학에 다니는 C군이 "Hi, Mr.Park" 하고 인사를 하는데 그의 모습을 보니, 얼굴이 부스스하고, 머리는 산발이 되어 있고,

눈은 반쯤 감겨 있었다. 내가 "너 모습이 왜 그래?"라고 C군에게 물으니 이틀 동안 시험공부 때문에 꼬박 밤을 새웠다고 했다. 내가 괜찮냐고 안부를 물으니(그의 표정을 보고 매우 놀랐음) C군은 "샤워하면 OK"라며 웃었다(그때의 C군 모습이 지금도 눈에 선함).

쌍둥이 형제는 대학 졸업 후 플로리다에 있는 직장을 다녔다. 가끔 쌍둥이 어머니를 만나면 두 아들들은 어떻게 지내냐고 물었고 플로리다에 있는 직장에서 돈을 아주 많이 번다고 웃으면서 답했다. 나와 아내에게 매우 소중하고, 아름다운 추억을 오랫동안 남게 하여 준 고마운 학생들이다.

K군

키는 1m 70cm 정도 되고, 몸은 약간 뚱뚱한 편이고, 얼굴 표정은 별로 웃지 않고, 말은 좀 많다. 힘이 몹시 좋고, 일도 매우 잘한다. 주인이 동양인이고 영어를 잘 못한다고 약간 비웃는 표정을 자주 지었다.

K군은 나에게도, 같이 일하는 학교 동료에게도 고등학교를 졸업하고 소방관이 될 거라고 자주 이야기했다. 그리고 소방서에서, 소방관을 도와주며 가끔 잠도 소방서에서 잔다고 한다.

피자 가게에서 소방서의 거리는 약 100m 정도 떨어진 곳에 있다. 피자 가게는 금요일과 토요일이 매우 바빠서 피자를 만드는 학생이 2명 이상은 꼭 근무해야 했다.

한 학생은 피자 도우(밀가루 반죽)를 계속 크게 넓히는 작업을 하고 다른 학생은 피자 소스를 바르며, 피자 주문에 따라 토핑을 하는 일을 반복했다. 피자 주문이 많을 시에는 피자 도우를 넓히는 작업이 힘들어 두 학생들이 서로 번갈아 가며 피자 도우를 넓혔다. 피자 만드는 두 학생은 서로 얼굴을 마주 보고 일을 했다. 보통 일을 하는 학생들은 말없이 주어진 자기 일만 했다.

K군은 피자 만드는 일을 하면서 어찌나 말을 많이 하는지(서로 같은 학교 친구이기에 어느 정도 이해함) 내가 K군에게 웃으며 피자에 침이 튀겨 들어간다고 주의를 주면 나의 말을 듣고는, 잠시 말을 그만두다가 또 말을 주야장천 했다.

나는 방법을 찾으며 고민했다. 많은 생각 끝에 치과 의사가 치아를 치료할 때 쓰는 플라스틱 마스크를 구하여 나도 쓰고, 일하는 모든 학생들에게도 쓰게 했다. 위생상으로도 매우 좋다는 생각이 들었다.

플라스틱 마스크를 처음으로 접하는 학생들은 서로 얼굴을 쳐다보며 웃었다. K군은 마스크를 쓰고 말을 안 하다가 조금 지난 후부터 쓰지 않았을 때와 똑같이 말을 많이 했다.

가게를 이용하는 손님들은 나와 학생들이 플라스틱 마스크를 쓰고 피자를 만드는 모습을 보고 웃으며 신기한 듯, 매우 유심히 쳐다봤다.

어느 토요일 바쁜 시간대에 K군이 근무하는 시간이었는데, 아무 연락 없이 출근을 안 했다. 한 시간이 지나도 그가 출근을 안 하기에 K군에게 전화하니 그가 "지금 어느 소방관 장례식에 참석하여 당장 일을 못 나간다"라고 했다. 그의 말을 듣고 나는 알았다고 하고 전화를 끊었다.

가게에서 근무하는 학생 대다수는 부득이한 개인 사정으로 근무를 못 할 경우 우선 나에게 전화를 하거나, 아니면 가게에서 근무하는 다른 학생과 시간을 서로 바꾸어 영업에 지장 없게 하는 것이 통상적인 관례였다.

나는 바로 K군의 집으로 전화하여(K군 어머니가 전화를 받음) 현재의 상황을 자세히 설명하고 K군을 해고시키겠다고 말했다. 전화를 끊고, 조금 지난 후, K군 어머니가 가게로 왔다. 토요일에 정신없이 바쁜 가게 상황을 보고, K군 어머니가 울면서 "정말 미안하게 됐다"라며 자기가 대신 일을 도와줄 수 없냐고 어쩔 줄을 몰라 했다.

가게는 K군의 집과 매우 가까웠다. 가게의 바쁜 시간이 끝난 후에도 K군의 어머니는 집으로 돌아가지 않고 있었다. 나에게 결근을 한 번만 이해해 달라고 울면서 이야기했다. 나는 K군의 어머니에게 잘 알겠다고 말하고, 걱정하지 말라며 돌려보냈다. K군은 고등학교 졸업과 동시에 소방관 시험을 봤다.

어느 날 갑자기 K군의 아버지가 가게로 나를 찾아와 하는 말이 다른 카운티 소방서에서, K군에 대하여 전화로 물어볼 것이라고 말했다. 잘 이야기해 달라고 부탁하는 뜻으로 보였다. 나는 웃으며 알았다고 말했다. K군이 특별하게 잘못한 것도 없기에 나는 좋은 평가를 전달해 줘야겠다고 생각했다.

K군의 아버지가 다녀간 후 얼마 지나지 않아 다른 카운티 소방서에서 전화가 왔다.
"K군이 그 피자집에서 얼마나 근무했습니까?"
"K군은 근무하는 동안 말썽 부리지 않고 성실히 근무했나요?"
매우 상세히 물어보았다. 나는 전화를 건 담당자에게 K군이 일하는 기간 동안 문제가 없었다는 것과 그가 일했던 기간을 정확하게 말을 해 주었다.

미국에서는 공무원, 특히 연방 공무원에 대한 신원 조회는 매우 오랫동안 한다. 연방 공무원은 취업 전, 몇 개월 정도 신원 조사를 하는 것 같았다. 그리고 신원 조회하는 담당자는 옆집 살고 있는 사람에게도 그가 어떻게 생활했는지도 물어본다. 이 말은 내가 다른 사람에게 듣고 쓰는 것이 아니라, 직접 눈으로 확인한 이야기다.

우리 피자 가게에서도 처음 일하러 온 학생이 다른 레스토랑에서 일을 해 본 경험이 있다고 하면 그곳 매니저에게 전화해서 학생의 근무 태도를 물어봤다. Good 또는 Very Good이라고 답하면 근무를 시키고, 그냥 OK 정도로만 대답하면 근무를 안 시켰다.

가게 근처에 있는 소방서로 일 년에 한두 번씩, 18인치 몬스터 피자 몇 판을 그냥 갖다 줬다. 또는 경찰관들이 우리 피자집에서 식사를 할 때는 음료수를 무료로 줬다고 전 주인이 나에게 이야기했다. 이 피자집의 관례로 보였다.

피자집 벽시계

 우리 피자 가게에서 일을 하는 모든 학생들이 꼭 지켜야 할 규칙 중 하나는 두 번 지각할 경우 자동으로 근무하지 못한다는 조항이다. 이 규칙 때문인지 자기 근무 시간에 맞추어 일하러 오는 것에 대한 신경을 무척 쓰는 듯이 보였다.

 특히 방학 기간에는 더더욱 그러하였다. 학생들이 혹시 지각할까 봐 가게 문을 박차고 헐레벌떡 들어오는 모습을 보고, 가게 카운터 벽 위에 붙어있는 원형으로 된 검정색 큰 시계의 분침을 5분 늦은 시간으로 맞추어 놓았다.

 그런 다음 가게로 출근하는 학생들의 모습을 보니, 어느 학생은 출근하여 벽 위에 붙어 있는 시계를 보더니 고개를 갸우뚱거리며 도착시간을 타임카드에 적었다. 또 어느 학생은 가게 문을 박차고 헐레벌떡 들어와 벽 위의 시계를 보고 휴, 하고 긴 한숨을 쉬며 도착한 시간을 타임카드에 적었다. 나는 모른 체하고 속으로는 학생들의 귀여운 모습에 절로 나오는 웃음을 삼켰다.

잘생긴 미남 O군

키는 1m 80cm 정도, 몸무게는 보통, 우리 피자 가게에서 2년 근무했다. 매우 성실하고 손재주가 아주 뛰어나 가게에 있는 장비들을 매우 잘 고쳤다. 모두에게 스스럼없이 일을 도와주고, 매우 착하며, 그리고 아주 미남이었다. 머리 색깔은 흰 머리카락이 섞여 있는 검은색이고 약한 곱슬머리였다.

너무 잘생겨서 아내도 O군을 보고 웬만한 TV 속 탤런트보다 훨씬 잘생겼다고 말했다. O군은 피자 가게에 일을 하러 오면, 일을 시작하기 전 먼저 거울 앞에서 머리 손질하고, 얼굴과 옷맵시를 한동안 확인 후 일을 시작했다. O군은 자신이 다니는 고등학교에서, 여학생들에게 매우 인기가 많았다.

하루는 O군이 피자를 만들고 있을 때, 같은 고등학교에 다니는 여학생들이 우르르 떼거지로 몰려와 가게 문을 열고 큰 소리로 "O군, O군"이라고 말하며 손을 흔들고 소리를 지르고 갔다. 그 모습을 본 O군은 쑥스러워하는 표정으로 나를 쳐다보고 웃으며 얼굴이 빨개졌다. 같은 학교에 다니는 여학생들은, 자주 O군을 보러 왔고 또 O

군이 만든 피자를 먹으려고 찾아왔다. 피자를 먹으면서도 계속 O군을 쳐다봤다.

어느 날 가게에 워킹 박스(냉장고와 냉동고가 같이 붙어 있는 영업용 냉장고) 문이 고장났다. 내가 쩔쩔매며 고치고 있는데 O군이 다가와 자기가 할 수 있다며 혼자서 고쳤다.

다른 날에는 화장실 변기가 부서져 핸디맨(무엇이든 잘 고치는 사람)을 부르려 하니, 자기가 수리할 수 있다며 월마트에서 새 변기를 사 오라고 했다. 내가 핸디맨을 부르면 된다고 말했지만 자신의 집에서 화장실 변기를 바꾼 경험이 있어서 아주 쉽게 할 수 있다고 말했다. O군이 할 수 있다고 여러 번 말하기에 나는 하는 수 없이 월마트에서 변기를 사다 주었다. 그는 화장실의 문을 닫고 약 한 시간 동안 혼자서 변기를 교체했다.

대략 1시간 정도 지난 후, 내가 화장실 문을 열어 보니 화장실 안에서 구린 냄새가 진동을 했다. O군의 옷에서도 냄새가 엄청나게 많이 났다. 결국 그는 화장실의 변기를 완벽하게 교체했다.

O군은 냄새가 진동하는 화장실에서 1시간 동안 무릎을 꿇어 가며 혼자 일을 한 것이었다. 화장실 변기를 교체하고 나온 O군의 옷에서는 화장실 냄새가 엄청나게 많이 났다. 나는 O군의 모습을 보고, 많이 미안했다. 핸디맨을 불러 고치면 될 일을, 괜히 어린 학생을 시

켰다는 생각에 자책하는 마음이 들었다.

피자 가게에서 일을 하는 학생들의 모습을 유심히 살펴보면 주어진 일을 묵묵히 하는 경우가 많았다. 또 일을 끝마친 후 스스로 만족하는 것 같았다. 대다수의 미국 청소년들은 부모로부터 대부분 고장 난 것(집 수리 및 자동차 포함)을 스스로 고치고, 잘 쓰는 방법을 배우는 것 같았다. 내가 보기에 많은 미국 부모가 자녀들이 고등학교 11~12학년이 되면, 자신들이 타고 다니던 자동차를 주거나 중고 자동차를 사 주는 것 같았다. 자식들은 부모에게 받은 자동차를 스스로가 고치며 타고 다녔다. 피자 가게에서 근무했던 그리고 근무하는 학생들도 그러했다.

여름 방학마다 O군은 휴가를 내고, 주급으로 받은 돈으로 비행기 표를 사서 아버지가 살고 있는 플로리다로 놀러 갔다. O군은 플로리다로 휴가를 갈 때 꼭 자기가 직접 만든 스몰 피자(8in)를 가져갔다. 내가 O군에게 어째서 플로리다까지 피자를 들고 가냐고 물으니, 아버지에게 피자집에 취직하여 일을 하고, 또 이 피자는 자신이 직접 만든 피자라고 자랑할 것이라고 말했다. 나에게 매우 신이 나서 말을 하는 O군의 모습은 천진난만하고, 귀엽고, 사랑스러워서, 다시 한번 더 O군을 쳐다보게 되었다.

고등학교를 졸업한 O군은 워싱턴 D.C.에 있는 규모가 큰 빌딩 리모델링 회사에 취직했다. 그는 학교를 졸업하고 회사를 다니면서도 집으로 퇴근할 때면 자주 인사하러 왔다. "Hi, Mr.Park!"이라고 부르며 찾아왔다. O군 또한 나에게 매우 소중하고 아름다운 추억을 선물하여 준 학생이다.

가려운 부분을 잘 긁어 주는 T군

어느 날 고등학교 학생들보다 약간 나이가 들어 보이는 젊은 청년이 가게에서 일을 하고 싶다고 찾아왔다. 자기 집은 피자 가게에서 매우 가까운 곳에 있다고 했다.

키는 1m 70cm 정도이고 체격은 약간 호리호리한 편이다. 근무를 시켜 보니 일을 너무나 잘하고, 매우 빠르며, 아주 정확히 일했다. 나와 아내는 너무 놀라 어떻게 피자 가게 일을 저렇게 잘할 수 있냐고, 그를 보며 항시 칭찬했다.

나는 늘 그렇듯 새로 들어와 처음 일을 하는 직원은 항시 주의 깊게 긴장을 풀지 않고 봤다. 우리 피자 가게는 금요일과 토요일이 한 주 매상의 50% 이상 차지할 만큼 매우 바쁘다. T군 역시 청소하는 기간을 거치고, 캐셔도, 가끔 시켜 보는데 역시나 모든 걸 너무 잘했다.

피자 가게는 규모가 작은 가게이다 보니, 금전 등록기를 전담하는 직원이 없고 오래 근무한 학생들에게 캐셔를 보게 했다. 경력이 오래된 직원은 피자도 만들고, 내가 음식을 만들 때 주방 보조도 맡아서 했다. T군은 가게의 모든 일을 너무나 완벽하게 했다. 시간이 흐른 뒤 그는 나에게 다른 레스토랑에서 근무한 경력이 있다고 말했다.

바쁜 금요일을 마감하고 내가 총수익을 정산하니 정확하게 100불이 모자랐다. 다시 몇 번이고 계산하여도 이상하게 딱 100불이 모자랐다. 항상 가게 일을 끝내고 하루 매상을 정산하는데 계산은 거의 맞았고, 틀리는 경우가 간혹 있더라도 5불 미만이었기에 매우 의아했다.

그날은 손님들의 계산을 거의 T군이 했다. 다음 날 출근한 그는 내 눈치를 슬슬 살폈다. 나는 바쁜 시간이 조금 지난 후 T군을 조용히 불러 그의 눈을 똑바로 쳐다보며 웃으면서 물었다. 내가 어제 정산을 해 보니 100불 모자라는데 혹시 네가 계산 실수를 한 것이 있냐고 물으니(그 당시 가게 계산기는 수동 계산기였음) 그의 얼굴이 빨개지며 모른다고 대답했다. 나는 웃으며 알았다고 답한 후, T군에게 계산기를 맡기지 않았다. 그는 그 후로 며칠 일하다 그만두었다.

T군이 그만두고 며칠이 지난 후였다. 갑자기 가게로 카운티 경찰이 찾아와서 현재 T군이 근무하는지를 물어봤다. 나는 경찰에게 그가 그만두었다고 대답했다. 그날 이후로 T군의 소식은 끊겼다.

어느 학생의 아버지

키는 1m 60cm 정도, 자그마한 체구의 학생이었다. 피자 가게에서 3~4개월 정도 근무한 것으로 생각된다.

학생들은 나와 가게에서 일을 할 때, 자기들 집안에 대한 이야기를 나에게 자주 했다. 내가 학생들이 이야기하는 것을 잘 이해하지 못한다는 것을 알면서도 주저리주저리 이야기했다.

어느 날 그 학생과 같이 일을 하는데 "Mr.Park" 하고 부르더니 자기 집에는 총이 많다고 말했다(그 당시 나는 이민 온 지 얼마 되지 않았음). 내가 총이 몇 정이 있냐고 물으니 여섯 정이 있다고 말했다. 그 학생은 총의 종류를 나에게 이야기하는데 학생의 말을 정확히는 알아들을 수 없고 대략 어떠한 총이라고는 추측만 했다.

나는 놀라서 다시 그 학생에게 너희 아버지 직업이 무엇이냐고 물으니 교회 목사님이라고 답했다. 나는 더욱더 놀라 아버지가 목사님인데 웬 총이 그렇게 많으냐고 물었다. 학생은 양어깨를 으쓱 올리고, 고개를 가로저으며 "Who knows"라고 대답했다. 당시 학생의 표정과 행동이 어찌나 귀여운지, 아직도 그 학생의 모습이 기억이 났다.

시간이 지나고 다시 생각하니 목사님이라는 직업과 개인의 취미 생활은 아무 상관이 없는데, 그 당시 나는 미국으로 이민 온 지 얼마 되지 않아서, 이곳의 문화적인 배경을 이해하기 어려웠다. 시간이 지난 후 지금은 직업과 취미는 전혀, 아무런 상관이 없고, 목사님이 스스로 선택한 취미가 그렇다면, 그럴 수도 있겠다고, 아무렇지 않게 생각할 수 있다.

이 학생이 아니더라도 피자 가게가 한가한 시간에는, 가게에서 일하는 많은 학생들이 자기 집안의 이야기를 나에게 미주알고주알 이야기했다. 나는 그들이 하는 이야기를 열심히 들어 주고 같이 대화를 나누는데 주로 단어만 이야기할 수 있었다. 나의 자식들도 나에게 많은 이야기를 하지 않으려 하는데 내게 말을 거는 아이들이 모두 고맙고, 대화를 나누는 게 즐거웠다.

E군

키는 1m 80cm 정도 되고, 몸매는 호리호리했다. 매우 성실하고 조용한 성격이며 수줍음이 많았다. 아프리칸 아메리칸 아버지와 백인 어머니 사이에서 태어났다. 피자 가게를 팔고 다른 분에게 넘겨줄 때까지 함께 일을 하였다.

가게에서 일을 하는 학생 대부분은 같은 학교 고등학생이고, 모두 백인인데 E군만 혼혈이었다. 그는 일을 할 때도 매우 조용했고, 말수 또한 없으며, 나에게 이야기할 때도 조리 있고, 아주 조용하게 이야기했다.

한국에서 온 내 친구의 대학생이 된 아들이 가게에서 일을 할 때 E군과 매우 친하게 지냈다. 가끔 가게로 E군의 어머니가 찾아와 나에게 인사를 하는데 매우 젊어 보였다. 그의 아버지도 가끔 와서 나에게 인사를 했으나 어느 순간부터 발길을 끊었다. 내가 가끔 E군과 일할 때 너는 내 아들이나 다름없다고 농담을 하면, 얼굴이 빨개지며 그는 수줍게 웃었다.

R군

키는 1m 80cm 이상이고, 아주 뚱뚱한 편이다. 우리 피자 가게에서 그가 살고 있는 집까지의 거리는 매우 가까웠다. 가게에서 같이 일하는 학생들은 R군이 컴퓨터를 매우 잘 다룬다고 이야기했다. 매우 착하고, 순진하며, 성실했다. 몸집이 커서 그런지 주방에서 피자를 만들 때면 땀이 비 오듯 쏟아졌다(목에 수건을 걸치고 자주 땀을 닦음). 가게 주방에는 오래된 기계들이 (피자 오븐, 전기 그릴, 튀김 기계, 워킹 박스, 델리 케이스 등) 내뿜는 열기가 많아, 가게에 항시 에어컨을 켜도 소용이 없을 정도였다.

대다수 고등학생들은 학교를 졸업하고 거주하는 지역에 있는 대학이나 전문 대학(Community college)에서 학업을 이어 가길 꺼렸고, 다른 주에 있는 대학으로 몹시 가고 싶어 했다. 그도 역시 고등학교를 졸업하고 다른 주에 있는 대학으로 간다고 나에게 몇 번을 자랑하며 이야기했다. 그의 말을 들은 나는 잘되었다고 축하했다.

정확히 일 년 후 그는 다른 주에 있는 대학을 다니다가, 동네로 돌아와 우리 피자 가게에서 다시 일을 했다. 그리고 그는 나에게 말하기를 그 대학의 학비가 너무 많이 들어서 지금 살고 있는 곳으로 돌아와 전문 대학(Community college)에 등록하였다고 했다.

그의 말을 듣고 나는 웃으며 좋은 생각이라고 말했다. 더불어 전문 대학(Community college)에서 열심히 공부하여 지금 살고 있는 곳의 주립 대학으로 편입하면 된다고 이야기했다. 그리고 너희 부모는 너의 그러한 결정으로 많은 돈을 절약할 수 있다고 이야기해 주었다. R군도 내 말을 듣고 웃으며, 고개를 끄덕였다. 그가 살고 있는 곳의 전문 대학(Community college)은 학교 등록금이 아주 저렴하며 R군이 살고 있는 집에서도 매우 가까운 위치에 있었다.

내 생각에 미국은 중산층 가정의 소득으로 타 주에 있는 대학에서 공부를 시킨다는 것은 재정적으로 매우 어렵다. 현재 살고 있는 지역 대학으로 자녀를 보낸다는 것 역시 힘들다고 생각된다. R군의 이야기를 듣고 나는 선뜻 두 아이 모두 대학을 보낸 A군과 C군의 새 아빠가 문득 떠올랐다.

D군과 S군

 지금도 잊지 못하고, 아마 평생 잊지 못할 슬픈 기억을 남긴 학생은 D군이다. 그는 우리 가게 피자집에서 가장 오래 근무한 학생이다. 키는 1m 85cm 이상 된 듯 보이고, 덩치도 보통 이상이었다. 얼굴에는 주근깨가 많고, 매우 착하며, 성실하고, 순진하여 전형적으로 시골에 사는 고등학생으로 보였다.

 그가 타고 다니는 차는 1990년쯤에 나온 문이 두 개뿐인 빨간색 벤츠 차량이다. 차 안과 밖이 항상 깨끗한 것으로 보아 D군의 어머니가 타고 다니다가 D군에게 준 것 같았다.

 나는 D군을 볼 때마다 언제나 상대방이 편안할 수 있도록 배려하는 학생이라는 느낌을 받았다. D군이 일하는 시간에는 피자 가게의 모든 것을 그에게 맡기고 덕분에 나는 몇 시간 동안, 밖의 일과 또는 휴식 시간을 가졌다.

 피자 가게에 처음으로 일을 하러 온 고등학생에게는 슬쩍 술과 담배를 하는지 물었다. 내가 피자 가게를 그만둘 때까지, 나와 함께 일을 한 모든 학생들은 술과 담배를 전혀 하지 않았다.

D군 역시 술과 담배를 전혀 안 했다. 그가 가게에 일을 하러 올 때 한 번도 흐트러진 복장으로 온 것을 전혀 본 적이 없었다. 다른 학생들은 가게의 유니폼 티셔츠를 손에 들고 오기도 하고, 목에 걸치고 오기도 했다. 그러나 D군은 항상, 모자와 티셔츠(피자집 유니폼과 모자)를 단정하게 입은 모습으로 가게로 일을 하러 왔다.

그는 학교가 끝나고 근무 시간이 아닐 때에는 가끔 같은 반 단짝 친구인 S군과 같이 집 근처 호숫가에서 낚시하는 게 취미라고 나에게 자주 이야기했다. 주로 오늘은 고기 몇 마리 잡았다고 말했다.

그는 가게에서 근무할 때도, 손님에게 항상 웃음을 잃지 않고 매우 친절하게 대했다. 한번은 손님이 전화로 치킨 윙 두 봉지를 주문했다. 한 봉지는 순한 맛, 다른 한 봉지는 매운맛이었다. 그런데 전화로 주문한 손님이 치킨 윙 두 봉지를 찾아간 후 얼마 시간이 지나지 않아 그 손님에게 전화가 왔다. 자기 아이가 매운맛 윙을 먹고 배탈이 났다고 말했다. 전화를 한 손님은 왜 매운맛과 순한 맛에 대해 별도로 표시해 주지 않았냐고 하며 지금 아이가 병원에 가야 된다고 소리를 고래고래 질렀다. 옆에 있는 나에게도 전화 소리가 들릴 정도였다.

D군은 자기가 실수했다며 얼굴이 빨개지고 어쩔 줄을 몰라 하며

계속 전화로 손님에게 미안하다고 사과했다. 나는 D군에게 무엇을 어떻게 해 주면 될지 전화를 한 손님에게 요청 사항을 물어보라고 말했다. 손님은 다시 순한 맛으로 만들어 달라고 요청하여 원하는 대로 해 줬다.

전 주인이 가게를 운영할 때에도 치킨 윙의 맛을 표시해서 판 적은 없었다. 이 사건을 계기로 순한 맛과 매운맛을 표시하여 줬다. D군은 피자 가게의 정석대로 했을 뿐인데 얼굴이 빨개지고, 어쩔 줄 몰라 하는 모습을 보니, 오히려 내가 너무 미안한 마음이 들었다.

그는 2년 반이 넘게 우리 피자집에서 일하면서, 지각 및 결석을 한 적이 한 번도 없었다. 오히려 그는 자기 근무 시간보다 항상 10분 정도 일찍 왔다. 근무 시간보다 10분 전에 도착하여 9시 50분에 일을 시작하고 타임카드(출근과 퇴근 시간을 기록하는 종이)를 쓸 때는 10시라고 썼다.(학교 방학기간이였다.)

가게에서 일하는 모든 학생들은 자기가 온 시간을 매우 정확하게 타임카드에 기록했다. 학생들도 시간이 곧 돈이라는 것을 알고 있었고, 타임카드에 쓴 시간을 계산하여 급여를 지급했다.

나는 D군이 타임카드를 적는 상황을 유심히 보고, D군에게 도착한 시간을 그대로 적으라고 말했는데도 그는 나를 보고 싱글 웃으며 "Yes, OK, Mr.Park"이라고 했다. 보통 학생들은 가게로 들어오는 즉시 벽에 걸린 시계를 보고 타임카드에 시간을 적는데, D군만 느긋한 모습을 보였다.

계속해서 그는 그렇게 자기 타임카드를 적었다. 정말 착하고, 모든 면에서 느긋하고, 여유로우며, 항상 웃음을 잃지 않는 D군의 모습에서, 나 역시 그에게 배울 점이 많다고 느꼈다.

가게에서 일하는 학생들을 보면서 느낀 점은, 웃음을 잃지 않고 자기 맡은 일을 조용히 처리하는 학생들이 특히 정신적으로 매우 건강한 학생들이라는 것이었다.

고등학교 졸업 시기에는 가게의 학생들도 몹시 들떠 있으며 또한 자기 또래끼리 파티를 많이 하는 것 같았다. 가게에서 일하는 어느 학생은 매주 밤마다 친구들과 파티를 연다고 나에게 자랑을 했다. 이 시기에는 부모들이 학생들을 잘 관리해야 될 듯했다.

나는 가게에서 일하는 학생들의 파티가 궁금하여, 학생들에게 파티에서 무슨 음식을 먹는지 물어보았다. 소다와 칩이 전부라고 했다. 그리고 좀 괜찮은 파티에는 피자도 있다고 말하며 웃음 지었다.

피자집은 금요일과 토요일이 매우 바쁜데, 그 날짜에는 가게 일에 익숙한 학생들로 근무를 배정했다.

어느 토요일 D군과 S군이 함께 일을 할 시간에 가게로 출근하지 않기에 시간이 조금 지나면 나오겠지 하고 기다리고 있었다(그들은 근무하면서 단 한 번도 지각, 결석을 안 했음).

몇 시간이 지난 후 가게에서 일하는 다른 학생이 내게 전화해 D군과 S군이 자동차 사고로 병원에 입원하여 있다고 전했다. 내가 둘 다 몸은 괜찮냐고 물으니, 자기는 잘 모르겠다고 했다.

조금 시간이 지난 후 D군 어머니가 나에게 전화를 했다. D군과 S군이 자동차 사고로 병원에 입원해서 당분간 일을 못 할 것 같다는 전화였다. 나는 몹시 걱정이 되어 그들의 몸이 어떠냐고 물으니 D군은 조금 다쳤지만 S군은 많이 다쳤다고 했다.

일주일쯤 지나 D군이 가게로 나와 자기는 괜찮다고 하고 S군이 많이 다쳤다고 했다. S군 역시 얼마 지나지 않아 가게로 와 자기는 자동차 사고로 몸이 아파 얼마 동안 일을 못 하겠다고 하고 나에게 자기 가슴을 보여 줬다. S군의 가슴을 보니 안전벨트를 맨 자리에 아주 심하게 검은 피멍이 들어 있고 매우 기침을 심하게 했다.

S군은 자기는 고등학교를 졸업하고 해병대로 가, 헬기 조종사가 될 거라고 신이 나서 나에게 자주 이야기했다. 그 사건으로 인하여 S군은 해병대에 들어가지 못한 듯했다. 가끔 가게에서 해병대 젊은 사병이 와 이곳 고등학교 학생들과 면담하는 모습을 보았다. S군도

그 해병대 사병과 면담을 한 것 같다.

　D군과 S군이 차량 사고가 난 상황을 나에게 설명해 주었다. 저녁 시간에 다른 카운티로 D군의 차를 몰고 S군과 같이 파티에 갔다. 늦은 시간까지 파티를 하고 D군 차로 S군과 함께(새벽 2~3시경) 집으로 귀가하던 중에 사고가 났다. 그들이 파티를 한 카운티에서, D군 집까지는 약 1시간 정도 걸린다(시속 60마일 속도로). 나도 그 길을 여러 번 다녔다. 미국의 지방 도로는 밤에 아주 어둡고, 가로등 또한 없으며, 나무숲이 무성한 도로가 대부분이다.

　사고 당시 D군은 졸음운전을 했고, 중앙선을 넘어 반대편에서 오는 차량을 받고 D군의 차가 몇 번 굴러 정신을 잃었다고 한다. 두 학생은 안전벨트를 매었다고 한다. 반대편에서 오던 차에는 그곳 카운티의 경찰들이 타고 있었다고 한다. D군 차량에 부딪힌 차에 타고 있던 사람들이 다친 것 같다고 S군이 이야기했다. 그러나 D군 차에 부딪힌 차는 경찰차는 아니었다고 말했다. 차량 사고가 난 후 시간이 조금 지난 다음, D군이 나에게 하는 말이 상대방 차에 타고 있던 사람들이 자기를 음주 운전으로 고소했다고 말했다. 사고 당시에는 두 학생이 음주 측정을 안 했다고 했다(내가 S군에게 물어봄).

　D군 역시 변호사를 선임하였다. 나이가 많으신 백인 변호사였다 (우리 피자 가게에도 옴). 몇 주가 지나 D군은 나에게 매우 심각한 표정으로, 자신이 감옥에 갈 것 같다고 말했다. 나는 웃으며 걱정하

지 말라며 너는 아직 고등학생이고 초범이며 음주 운전도 안 했기에 감옥으로 가는 일은 없을 것이라고 그를 안심시켰다.

얼마 지나지 않아, D군의 변호사가 나를 찾아왔다. 그에 대해 물어보기에 매우 훌륭한 학생이고, 술과 담배는 전혀 안 하고, 가게에서 오랫동안 근무하면서, 결석이나 지각을 한 번도 한 적이 없는 모범 학생이라고 말을 하였다.

변호사가 하는 말이 지금까지 D군이 가게에서 지낸 과정을 서면으로 써 줄 수 있냐고 하기에 당연히 써 줄 수 있다고 하고, 그 당시 대학에 다니는 딸에게 부탁하여 내가 보아 온 D군의 모습을 상세하게 써 주었다.

몇 주 지나 D군은 나에게 "Mr.Park" 하고 부르더니 자신이 감옥에 갈 것 같다며 몹시 걱정하며 말했다. 나는 그의 등을 두드리며 걱정하지 말고 기다리라고 다시 한번 이야기해 주었다. 나는 D군이 초범이기 때문에 감옥에 갈 것이라고는 절대 그리고 꿈에도 생각하지 않고 있었다.

그리고 다시 약 3주가 지난 후 심각한 표정으로 나에게 와서 자기 변호사가 말하기를 곧 1년 동안 감옥에 가야 된다고 말했다. 내가 그 말이 무슨 말이냐고 다시 물으니 며칠 내로 감옥에 1년 동안 가야 된다고 다시 말을 했다.

그 당시 그 자리에 아내와 함께 있었는데, D군의 그 말을 듣고 아내가 "어떡해, 어떡해"라고 울면서 나보고 어떻게 좀 해 보라고 말했다. 아내는 "D군은 아직 고등학생인데"라고 하며, 한동안 소리 내어 흐느꼈다. 아내도 오랫동안 D군을 봐 왔기에 그가 어떠한 학생인지 너무나 잘 알고 있었다.

당시에 그 말을 하는 D군의 모습은 불안한 모습은 없고, 담담하고, 매우 의연하게 그 상황을 받아들이는 것 같았다. 나 역시 아무 말 없이 잠시 있다가 그냥 D군을 포옹하고 등을 두드리며 "너, 괜찮니?" 하고 물었고, D군은 "I'm OK"라고 말했다. 그리고 나와 아내에게 인사를 하고 떠났다. 아직도 그가 떠나는 모습은 너무나 생생히 기억에 남았다.

그리고 그는 교도소에서 1년간 꼬박 있었다. D군 어머니가 자주 가게로 찾아와 D군이 성경책을 보며 잘 지낸다고 알려 주었다. 나는 D군 어머니의 말을 들을 때마다 마음이 정말 슬프기도 하고 이 사건은 무언가 잘못되었다고 생각이 되었다.

지금 이 글을 쓰면서도 이상하다고 생각하는 것은 D군은 전혀 술과 담배를 하지 않는 학생인데, 어떻게 감옥에 가게 되었는지, 그리고 사회 첫발을 내딛지도 않은 학생인데 왜 항소를 안 했는지 이해할 수가 없기 때문이다. D군의 그 기록은 평생 따라다니고 앞으로 그의 삶과 또 취업에도 매우 큰 문제가 되는데, 이 모든 문제를 지고 살아가야 할 어린 학생 D군을 생각하니, 생각할수록 가슴이 슬픔으로 미어졌다.

아내가 그 당시 같이 타고 있던 S군의 이야기를 들으니 그날 저녁 파티에서 D군이 술병을 들고 있는 모습이 찍힌 사진이 페이스북에 올라와 있는 것을 보고 상대방 쪽에서 음주 운전으로 고소한 것 같다고 한다. 그리고 상대편 차에 타고 있던 사람들이 경찰이었던 것도 작용된 듯 보인다(이건 내 생각임).

아직도 나는 왜 D군이 그러한 판결을 받았는지 의문이고 진실 또한 알고 싶다. 그리고 그는 꼬박 1년 후 감옥에서 나와 자기를 걱정해 주어서 고맙다고 인사하러 왔다. 건강한 모습으로 찾아온 D군의 모습을 보니, 너무나 고맙고, 반가워서 같이 이야기를 나누며 피자를 먹었다. 지금까지 피자 가게에서 근무한 학생 중, 가장 오랫동안 아니, 영원히 기억에 남을 학생이다.

SAT(대학 입학 자격 시험)

　피자집에서 일하는 학생 모두가 SAT 시험을 치르기 전 날에도 여느 때와 마찬가지로 저녁 시간에 피자 가게에서 일하고 다음 날 학교에서 SAT 시험을 본다.

　학생들은 시험을 며칠 앞두고도 긴장된 모습이 전혀 보이지 않고 그냥 평상시와 똑같은 일상생활을 하는 것으로 보인다.

　학교 성적이 매우 좋은 쌍둥이 형제들도 다음 날 SAT 시험인데도 오후 2시에 가게로 출근하여 저녁 8시까지 일을 했다. 그리고 다음 날 출근한 쌍둥이 형제에게 시험 잘 보았냐고 물으면 웃으면서 "Good. Mr.Park"이라 하며, 엄지손가락을 치켜세웠다.

　가게에서 일하는 학생들 중 다음 날 SAT 시험이라고 나에게 미리 말하고 결근한 학생은 한 명도 없었고 무엇보다도, 학생 및 부모들은 시험에 대한 스트레스를 전혀 받지 않는 듯 보였다.

　우리 역시 자식들의 SAT 시험 때에도 이곳 미국 생활이 바빠서 별로 신경을 쓰지 못했고 그냥 평상시와 똑같이 생활을 했다.

 이곳 미국은 학생 본인 스스로 선택하여 공부를 해야 한다는 사회 전체의 분위기가 만들어진 듯한 느낌이 든다. 무엇보다도 한국의 교육 시스템과는 너무나 많이 비교되는 상황이다.

마약

피자 가게를 운영하는 위치는 고등학교에서 얼마 떨어져 있지 않은 곳이기에 피자 가게를 몇 년 운영하다 보니, 동네 고등학교 학생들을 거의 알고 지냈다.

학교 여름 방학 기간에는 학생들이 우리 피자 가게 손님으로 많이 오는데 아주 극소수 학생들은 호기심에 마약(종류는 모름)에 손대는 것 같고 또 호기심에 접하였다가 중독이 된 듯한 학생들도 보았다.

B군과 F군

 두 학생은 같은 고등학교에 다니는 시절 단짝 친구였다. 두 청년은 마약을 접한 듯, 가끔 보면 몸이 흐트러지고 눈이 항시 충혈되어 있었다.

 어느 날 F군이 약간 몸이 풀어진 상태로 "Mr.Park" 하고 나를 부르더니, 배가 너무 고프다며 음식을 달라고 했다. 그런 F군의 모습을 보니 가슴이 답답하고, 쓰려 왔다.

 둘은 한동안 안 보이다가 어느 날 우리 피자 가게에 왔는데 F군은 몸을 잘 가누지 못하고, B군과 떨어져 다른 테이블에 머리를 숙이고 앉아 있었다. 그리고 조금 있다가 F군은 감자튀김을 시켰다. 내가 음식을 갖다주었는데 가져다준 감자튀김을 먹지 않고 계속 머리를 숙이고 있었다(몸은 약간 흐느적거림).

 나는 F군과 함께 온 B군을 보고 너무 놀랐다. 두 학생이 우리 가게에서 잠시 일을 했을 때 B군은 매우 큰 덩치였는데(약 90kg 이상으로 보였음) 그 큰 덩치가 완전 깡말라서 왔다. 나는 B군을 보고 너무 놀라, 어떻게 된 거냐고 물으니 음식을 전혀 안 먹었다고 했다.

그 당시 계절은 여름이었는데, 반바지를 입고 있는 B군의 모습은 너무 말라 반바지가 헐렁하다 못해 한 손으로 바지 허리춤을 쥐고 있었고 그의 다리는 너무 가늘어져 있었다. 얼굴 또한 반쪽이 되었고 눈만 휑하게 보였다. 그리고 B군 옆에는 처음 본 같은 나이 또래 청년이 있었는데, 그 둘은 고개를 숙이고 식탁에 앉자 몸을 흐느적거리는 F군을 쳐다보며 히죽히죽 웃고 있었다.

조금 떨어져 앉아 있는 F군은 계속 음식(감자튀김)을 먹지 않고 풀린 눈으로 고개를 숙이고 있었다. B군과 처음 본 또래 청년은 서로 히죽거리며 음식을 먹는데도 F군은 계속 음식(감자튀김)을 먹지 않았다. 조금 지나 B군이 F군의 이름을 부르며 "감자튀김 먹어"라고 말하니까 그의 말을 듣고 그제야 F군이 감자튀김을 먹었다.

고등학생 때는 단짝이었던 친구들이 마약 때문인지는 모르겠으나 서로의 위치가 상하 관계로 나뉜 듯했다. 그리고 B군은 내가 처음 본 청년과 계속 함께 다니는 듯했다.

어느 날 B군의 아버지가 나를 찾아와 자기 아들이 문제가 매우 심각하다고 하며, 고개를 좌우로 저으며, 원망과 한탄을 하였다. 또 B군의 문제를 어떻게 해야 할지 모르는 것 같았고, 그냥 나에게 통곡에 가까운 하소연만 하였다. 나 역시 B군의 아버지에게 도움이 될

만한 이야기도 해 줄 수가 없어 그냥 듣기만 하였다. 나도 자식을 키우는 입장에서 그의 이야기를 듣고 있으니 서럽고 안타까운 마음만 들었다.

오전 시간에 가게 문을 열고 얼마 지나지 않아 F군이 "Mr.Park" 하고 부르기에 나가 보았는데 그는 또다시 약물에 취한 듯한 모습으로 음식을 며칠 동안 못 먹었다며, 너무너무 배가 고프니 음식을 달라고 했다. 그의 모습을 본 나는 무엇을 어떻게 표현할 수가 없고 그냥 슬프기만 하였다.

이민 초기에 도심 다운타운 푸드코트 안에 있는 음식 파는 가게가 매물로 나와 그곳 가게를 보고 있을 때 매우 허름한 옷차림의 남성이 약물에 취한 듯, 눈이 풀리고, 몸도 제대로 가누지 못하여 비틀거리며, 내가 지켜보고 있는 가게로 와 하얀 플라스틱 음료수 컵을 들고 25¢ 동전을 내밀고는 목이 마르는지 얼음을 달라고 여러 번 반복하여 말하는 그 모습이 문뜩 스쳐 지나갔다.

F군도 고등학교 시절에는 학교 성적도 꽤 잘 나온 것으로 나는 알고 있고 졸업하자마자 그의 집에서 가까운 직장에 취직되었다고 나에게 와 자랑도 하였었다. 얼마 지나지 않아 그는 다니던 직장도 그만두었다. 사회에 첫발을 내딛기도 전에 그들의 그러한 모습을 보니 한없이 슬픈 마음만 들었다.

처음 본 청년이 B군과 같이 우리 피자 가게로 오고 난 후 며칠 지나지 않아 피자 가게 외벽에 도심 다운타운 할렘가에서나 볼 수 있는 이상한 그림이 그려져 있었다. 나는 즉시 가게 주방 바닥을 닦는 수세미와 세제를 섞은 물을 들고 호수에 수돗물을 연결하여 가게 외벽에 그려진 이상한 그림을 모두 싹 다 지워 버렸다.

그림을 지운 다음에 조금은 걱정도 되었다. 혹시 이 그림을 그린 놈들이 가게로 와 해코지하지는 않을까 하는 생각이 들어 걱정도 되었다. 다행히 가게 외벽에 다시 그림을 그리지는 않았다.

아마 이 그림으로 자기들 구역이라고 표시한 듯했다. 그리고 나는 마음속으로 생각했다. 이곳 피자집은 나 Mr.Park의 구역이고 너희들은 절대, 접근 불가라고…….

어느 새아빠

몇 년 동안 자그마한 시골 동네에서 피자 가게를 운영하다 보니, 동네 사람들을 많이 알게 되고 또 피자 가게 자체가 오래된 가게라서 내가 피자집을 인수하기 전부터 오랫동안 가게를 이용한 단골손님들이 많이 있었다.

A군과 C군의 새아빠는 직장에서 퇴근 시 우리 가게에 자주 들러 저녁으로, 핫 샌드위치를 사 가곤 했는데 가게 와서 샌드위치를 사 갈 때마다 매번 일하고 있는 학생들에게 팁을 듬뿍 넣어 주었다(계산대 옆 팁 통이 있음).

그는 웃으며 항상 저기 일하는 학생 일 잘하냐고 나에게 물어봤다. 그리고 팁을 듬뿍 넣었다. 그 당시 샌드위치 가격이 5~7 $ 정도인데 꼭 팁을 5 $ 또는 10 $를 팁 통에 넣었다. 자신의 두 아들들이 일을 할 때도 있고 그가 전혀 모르는 다른 학생이 일을 할 때도 있는데 그는 올 때마다 항상 꼭 5~10 $를 팁 통에 넣었다.

우리 피자집 매상은 주로 테이크아웃이 거의 차지했다. 전화로 주문을 하고 자기가 주문한 음식을 찾아갈 때 별도의 팁을 넣는 경우는 적었다. 보통 계산하고 남는 동전을 팁 통에 넣는 편이었다. 나 또한 다른 곳에서 전화로 주문한 음식을 포장해도 별도의 팁을 준 적이 별로 없고 남은 동전 정도만 주었다.

A군과 C군의 새아빠는 우리 가게에서 열심히 일하는 학생들의 모습이 대단해 보여서인지, 또는 자기 두 자식들 생각해서인지는 모르겠으나 매번 음식값만큼의 팁을 주고 갔다. 내가 가끔 A군과 C군에게 너희 새아빠는 어떠냐고 물으면 형제는 두 손으로 엄지손가락을 올리며, 아주 흡족한 표정으로 최고라고 했다.

새아빠는 피가 전혀 섞이지도 않은 두 아들을 정규 대학에 보낸다는 것이 정말 대단하고, 매우 존경스럽게 보였다. 그리고 형제와 비슷한 나이인 새아빠의 친아들 역시 정규 대학 1학년 학생이었다. 돈이 많으면 상관이 없겠지만 미국 중산층 가정으로 살며 매우 힘든 결정을 했다는 생각이 들었다. 새아빠의 외모에서 풍기는 모습은 앞에서 말한 대로 〈바람과 함께 사라지다〉의 남자 주인공보다(비슷하게 생김) 더더욱 돋보였다.

핸디캡 손님

  그는 피자 가게에 오랜 기간 동안 단골손님인데 이분은 몸에 장애가 있다. 그가 항상 전화로 주문한 메뉴는, 샌드위치와 버섯 튀김 종류인데 오랫동안 똑같은 메뉴를 주문했다. 전화로 주문한 음식을 찾아갈 때 몸이 불편하여 타고 온 자동차에서 못 내렸다. 그는 볼 때마다 항상 매우 밝은 표정이었다.

  가게에서 일을 하는 학생들이 그가 전화로 주문한 음식을 가지고 가게 앞 주차장에 그가 타고 온 차로 음식을 갖다주면 꼭 5$짜리 지폐를 팁으로 주는데, 지폐를 꼬깃꼬깃 접어 손가락 한 마디 크기로 만들어 줬다.

  학생들은 5$ 팁을 받으면 무척 좋아했다. 보통 팁은 손님들이 1$ 또는 계산하고 남는 동전을 주는데 하루 동안 그런 팁을 모아 일하는 학생들이 나누어 가지게 된다.

  학생들이 피자 주문이 많이 밀려 그에게 전화로 주문한 음식을 못 가져다줄 때는 내가 대신 갖다주는데, 역시나 똑같은 모양으로 만들어진 5$짜리 지폐를 팁으로 주었다.

 언제부터인가 나도 이곳 미국에 살면서 거리에서 구걸하는 분과 거리의 악사들에게 돈을 줄 때 지폐를 접어 손가락 크기로 만들어 주는 습관을 가지게 되었다.

 어느 날 이분이 나에게 새 두 마리(버지니아 상징인 새)와 새장을 주었다. 암수 한 쌍이었다. 자기는 이제 이 새를 못 키우겠다며, 나에게 주면서 물과 먹이만 잘 주면 된다고 하며 이 새는 아름다운 소리를 낸다고 말했다.

백인 노부부

 몇 년 동안 항상 두 분이 손을 꼭 잡으시고 우리 피자 가게로 와 식사를 하시는 백인 할머니와 백인 할아버지가 있다. 부부는 일주일에 서너 번씩 와서 점심 식사를 하고 갔다.

 할머니는 우리 가게에 들어오면 먼저 아내와 서로 포옹을 하고 안부를 묻고 오랫동안 이야기했다. 전형적인 미국 백인 노부부였다. 우리는 이곳에서 비즈니스를 하는 사람이지만 아내는 특히 나이가 많으신 노인들에게 진심으로 친절하게 대했다.

 어느 날 할아버지가 가게로 와 할머니가 돌아가셨다며 매우 슬프게 우시면서, 나와 아내에게 이야기해 줬다. 그 당시 매우 슬피 우시는 백발의 백인 할아버지 모습이 아직 기억에 남아 있다.

보험 회사 사장님

　우리 피자집에서 얼마 떨어지지 않은 곳에 자그마한 보험 회사 대리점 사무실이 있다. 그 보험 회사 사장님은 항상 커피는 가게 옆 세븐일레븐 편의점에서 사 오시고 아침은 우리 피자 가게에서 오랫동안 매번 똑같은 메뉴로 베이컨 에그 앤 치즈 잉글리시 머핀을 시키고 혼자 와 아무 말도 없이 드시고 가신다. 어느 날 갑자기 그의 딸이 우리 가게로 찾아와 나와 아내를 찾더니 하는 말이 자기 아버지가 갑자기 돌아가셨다고 했다. 그리고 우리에게 자기 아버지가 항상 이곳에서 아침을 맛있게 먹었다고 이야기했다며 고맙다는 인사를 하고 갔다.

라지 엑스트라, 치즈 피자 두 판

우리 피자 가게에서 남쪽으로 왕복 한 시간 거리에서 주말이면 어김없이(차로 시속 60~70마일 정도 속도로 달리는 거리) 라지 엑스트라 치즈 두 판을 전화로 시키는 대학생 청년이 있다. 이 대학생은 초등학생 때부터 우리 가게의 피자를 먹었다고 한다.

대학생이 되어서도 주말 오후이면 항상 똑같은 피자를 시켰다. 이 학생 어머니가 우리 가게 앞 고등학교 선생님인데, 피자를 픽업하면서 우리에게 그 학생에 대한 이야기를 해 주어서 알았다.

나 역시 미국 생활을 오래 하다 보니 새로운 환경에 처하는 일은 잘 시도하지 않게 되며, 시도하게 되어도 매우 조심스럽게 하게 된다.

사냥꾼 손님

피자 가게가 있는 곳은 오래전에 사냥을 많이 했다고 하여, 사냥하는 타운이라고 불린다(피자 가게에서 아주 오랫동안 일을 하신 백인 할머니가 이야기해 줌).

이분도 가게에 자주 들르시는 분인데 지역의 사냥 시즌에는 자기가 잡은 기러기도 가져다주고 또 다른 사냥 시즌에는 사슴 고기도 갖다주었다.

한때 가게는 아침 장사를 하여 베이컨을 많이 구웠다. 이분은 나에게 베이컨을 구울 때 나오는 기름을 모아 달라고 하였다. 내 생각에는 동물 사냥에 쓸 목적인 것 같았다.

그분이 사냥한 것을 갖고 오면 고맙게 받는데, 비즈니스가 바쁘다 보니 요리해 먹을 시간이 해 먹지 못했다. 매우 재미있으시고, 심성이 매우 좋은 분인 것 같았다. 우리 피자집에서 일하는 M군도 어느 사냥 시즌 때 기러기를 사냥했다며 두 마리를 가져다주었다.

양파

가게에서 학생들과 함께 일을 할 때면 재미있고 아주 우스운 일이 종종 생긴다.

어느 날 일하는 학생들에게 양파 껍질 벗기는 방법을 가르쳐 주고 일을 시켰다. 피자와 필리 치즈 스테이크 샌드위치를 잘 만드는 전통이 있는 가게이기에 양파를 엄청 많이 소비했다.

내가 시범으로 양파 꼭지와 아랫부분을 칼로 자른 후 흐르는 수돗물에 양파를 닦으면서 껍질을 벗기는 시범을 보였다. 가게에서 일하는 세 명의 학생들에게 할 수 있냐고 물어봤다. 세 명의 학생들은 큰 소리로 "Very easy"라고 하며 할 수 있다고 했다.

나는 학생들에게 양파 껍질 까는 일을 맡기고 얼마간 시간이 지난 후 학생들에게, "You guys okay?" 하고 물으니 학생들은 "No. Mr.Park"이라고 대답했다.

내가 학생들을 쳐다보니 양파 껍질 까는 작업에 눈이 너무 매워

천장을 올려다보고 양파를 계속 까고 있는데 학생들의 얼굴이 눈물과 콧물로 범벅이 되어 있었다. 학생들은 주먹보다 큰 양파를 천장만 보고 벗겨 내서 양파가 계란 크기만큼 되었다. 학생들의 그 모습을 본 후 나는 너무 웃음이 나 그만 되었다고 했다.

가게에서 일하는 학생 대다수가 손놀림은 섬세하지 못하지만 숫자에 대한 개념이 정말 탁월하다고 느꼈다. 많은 학생들과 일을 해보고 개인적으로 느낀 점이다.

그리고 모든 학생들이 인사를 매우 잘했다. 피자 가게는 대로변에 있어서 일하는 학생들이 수시로 가게 앞을 차로 지날 때마다 가게로 와 문을 열고, "Hi, Mr.Park"라며 인사를 하고 간다. 내가 어떻게 왔냐고 물으면, 그냥 인사하러 왔다고 했다. 나도 같이 인사를 하면서 처음에는 학생들이 조금 싱겁다고 생각했는데, 미국에서 오래 살면 살수록, 학생들이 인사하는 행동을 더 이해하게 되는 듯했다.

지금 이 글을 쓰면서 그 당시 가게에서 일했던 학생들이 자주 찾아와 인사하는 모습들을 생각하니 너무나 정겹고, 아름답게 느껴진다.

치즈 스테이크 만드는 방법

치즈 스테이크는 내가 먹어도 맛있는 음식이다. 동양인, 서양인 누가 먹어도 맛있는 음식이다.

만드는 방법

부드러운 빵(썹이라고 함, 써브웨이에서 판매하는 빵과 비슷함)에 버터를 약간 바르고 그릴에 노릇노릇하게 굽고 아주 얇게 썬 소고기(립아이), 한글로 표현하자면 꽃등심 종류와 얇게 썬 양파와 버터를 넣고 잘 볶은 다음 소금과 후추를 뿌린 후, 다시 한번 볶은 다음 가늘게 썬 프로볼로네 치즈(간혹 아메리칸 치즈를 넣어 달라는 사람도 있음)와 잘 볶은 고기를 치즈 위에 얹어 치즈가 약간 녹은 다음, 버터를 바르고 구운 빵(썹) 속에 넣어 먹으면 정말 맛있다.

피자 가게 매상의 30~40%는 치즈 스테이크이다. 미 동부 어느 곳에서는, 필리 치즈 스테이크라고 하고 또 어떤 곳에서는 스테이크 앤 치즈라고 하며, 우리 피자 가게에서는 그냥 치즈 스테이크라고 했다.

가게 손님 중 한 분은 일주일에 몇 번 와 치즈 스테이크를 드시는데 어느 날 그분이 가게로 전화를 걸어 지금 뉴욕에서 출발하는데 치즈 스테이크를 먹으러 온다고 했다. 그리고 가게까지 차로 다섯 시간이 걸린다고 했다.

대화

　피자 가게를 운영하는 지역이 주로 백인들이 많이 거주하는 조그마한 시골 동네이다 보니, 손님 대부분이 백인이었다. 처음 피자 가게 문을 열고 영어를 못하는 나는, 손님들 앞에서 음식 주문받는 것 자체가 조금은 두렵고, 또 잘못 말을 할까 봐 걱정이 많이 되었다.

　손님과 1m도 안 되는 간격을 두고 손님의 눈을 쳐다보며 손님이 주문한 메뉴를 적을 때 피자 가게를 시작하여 얼마 동안은 손님들의 눈을 똑바로 쳐다보지 못했다. 손님들은 나를 뚫어지게 쳐다보고 음식을 주문하는데 처음에는 주눅이 들어 음식을 주문하는 손님을 힐끔힐끔 쳐다보고, 머리를 자주 숙였다.

　또 나는 음식을 주문하는 손님을 똑바로 볼 때 말하고자 하는 영어가 전혀 생각이 안 나, 잠시 동안 그냥 손님을 쳐다보는 경우도 있었다. 시간이 조금 지나 가게에서 일하는 학생들과 같이 생활하고 난 후 그때부터 자신감이 조금 생겼다. 나는 영어를 잘하지 못해도 인사 정도만 알면, 상대방을 먼저 보고 웃으며 큰 소리로 인사하는 습관을 자연히 갖게 되는 것 같았다.

피자 가게에서 일을 하는 종업원들은 주인에 대해서는 매우 정중하게 대하며 손님들 또한 내가 주인이라는 것을 안 후부터 손님들 역시 나에게 매우 정중했다.

조카 대학생이 한국에서 우리 집으로 놀러 와, 미국을 알고 싶다기에 오자마자 가게로 데려와 바로 캐셔로 일을 시켰다. 처음 손님을 대하는 조카의 모습을 보니 얼굴은 빨개지고, 약간 쩔쩔매고, 머리를 약간 숙이고 눈은 손님을 잘 쳐다보지 못하고 있었다. 나 역시 처음 가게를 열고 똑같은 행동을 하였다.

나는 조카를 불러 영어는 잘 못해도 괜찮으나, 머리는 똑바로 들고 상대방 손님의 눈을 똑바로 쳐다보라고 말했다. 그 이야기를 들은 조카는 가게에서 근무를 무척 잘하게 되었다.

기억 속의 사진

 오랫동안 미국에서의 이민 생활을 하면서 잊지 못할 기억 속의 사진 중 하나는 지친 이민 생활 중에 대학생인 딸이 겨울 방학이 끝나 차로 다시 학교 기숙사로 데려다주는 시간이었다.

 나는 딸과 둘이서 이런저런 이야기를 나누고 학교 기숙사 앞에 도착하니 겨울 함박눈이 무수한 나무 사이로 펑펑 내렸다. 딸은 인디언 고깔모자를 쓰고 큰 가방을 메고 차에서 내려 함박눈을 맞으며 나에게 조심해서 집에 가라고 손을 흔들고 펑펑 내리는 눈길이 미끄러워 뒤뚱거리며 학교 기숙사로 들어갔다.

 함박눈이 한없이 내리는 주변 환경과 무엇 때문인지는 모르겠지만 나의 흐뭇한 마음이 섞여 딸이 학교 기숙사로 들어간 후 한동안 아름다운 주변 환경을 멍하니 그냥 쳐다보았다. 조금 시간이 지난 후 가게에서 전화가 왔다. 손님이 많아 일손이 부족하다고 하며 빨리 가게로 오라 한다.

시골 피자집 규모

- 주메뉴 : 피자와 치즈 스테이크
- 영업시간 : 주 6일 AM 10:30~PM 8:00
- 매장 크기: 약 40평
- 일주일 매상 : 9,000$~10,000$
- 월세 : 3,500$, 입주 후 2년 후부터 매년 3% 인상
- 월 순수익 : 10,000$ 정도
- 비즈니스 가격 : 210,000$

부동산 중개인과 함께 비즈니스를 보니 마음에 들어 동네 주위를 둘러본 후 바로 결정하였다. 그리고 중개인에게 2,000$짜리 개인 수표를 써 주고 가계약서를 작성 했다.

비즈니스 매매가에 1% 지불하고 가계약을 하는 이유는 비즈니스를 구입할 의사가 있다는 것을 명확하게 가게 주인에게 알리기 위해서이다.

비즈니스 계약 조건

1. 2주 동안 주 매상 점검 시 매매 계약서에 적힌 주 매상과 일치해야 한다.
2. 정부에서 소상공인에게 제공하는 S.B.A. 융자를 얻어서 구입하는 조건이어야 한다.
3. 비즈니스에 대한 3년 치 세금 보고를 비즈니스를 구입하는 이에게 제공한다.
4. 2주 정도 비즈니스를 운영할 수 있는 식재료를 비즈니스를 구입하는 이에게 제공한다.

(나는 운영 자금이 없어 4번 방법을 생각해 냈다. 갖고 있던 현금이 70,000$ 정도였고, 나머지 금액은 S.B.A. 융자로 해결해야 했다.)

고려해야 할 단점

    살고 있는 거주지와 가게의 거리가 너무 멀다. 편도로 1시간 반, 왕복으로는 3시간(시속 60~70마일) 정도 걸리는 위치에 있었다. 미국에서 자동차로 1시간의 거리는 안방에서 건넛방이라고 이야기할 정도로 가까운 것이라고 한다. 그러나 나는 일을 끝내고 집으로 오면 거의 초주검이 될 것 같아 걱정이 되었다.

* 1mile은 약 1.6km이다.

피자집 운영 경험

 1980년 초 서울에 있는 대학교 앞에서 피자집을 운영해 본 경험이 있다. 당시 미군 군부대에 근무하시는 분에게 피자와 스파게티 만드는 법을 배워 가게를 했다. 그 시기는 개인적으로 피자 치즈 수입이 어려워 시장에서 치즈를 구입하여 운영했다. 시장에서조차 피자 치즈가 제대로 공급이 안 되어 결국 가게를 닫았다.

 미국으로 이민 와 인수하려는 피자집은 오랜 기간 동안 안정적으로 운영되었고 무엇보다도 정부 융자(S.B.A.)가 나올 확률이 매우 높다고 생각되었다.

 영어가 미숙한 나는 걱정도 조금은 되었지만 그래도 주인이 될 거라는 생각 덕분에 자신감이 있었다.

계약 확정

비즈니스를 가계약하고 4~5개월 후 계약이 확정되었다. 정부 융자 승인(S.B.A. 융자) 그리고 건물주로부터 입주가 승인되었다. 또 건물주로부터 새로운 10년 리스(매년 3%씩 올리는 조건)를 받고 가게 잔금을 내고 비즈니스 트레이닝을 2주간 받았다.

비즈니스 트레이닝
1. 단골손님 소개
2. 거래처 소개
3. 장비 쓰는 법, 음식 만드는 법 등.

또한 2주 동안 매상을 점검했고 계약서에 쓰인 금액과 거의 비슷했다. 만약 계약서에 쓰인 매상과 10% 정도 적게 차이가 날때 매수인은 일방적으로 계약을 파기할 수 있기에 확인이 매우 중요했다.

S.B.A. 융자

내가 직접 경험하고 또 내가 가지고 있는 상식으로 설명하려고 한다. 미국 연방 정부에 속해 있는 중소기업청이 보증하고, 서류상으로 합당한 자격이 주어지면 시중 은행들을 통하여 소상인들에게 장기 융자를 저렴한 이자율로 제공해 주는 제도이다.

S.B.A. 융자에 대한 서류 검토는, 융자를 대행해 주는 시중 은행들이 주로 담당한다(미국에 있는 한국계 은행들이 많이 함). 비즈니스로만 S.B.A. 융자를 받을 경우 비즈니스 임대 기간이 보통 9년에서 10년 정도가 최대치다.

나는 2006년 5월 피자집 비즈니스로만, S.B.A. 융자를 받을 때 총 금액의 30%는 다운 페이를 하고 70%는 S.B.A. 융자로 했는데 당시 S.B.A. 융자의 이자가 6% 정도 되었다(S.B.A. 융자는 원금과 이자를 비즈니스 임대 기간 동안 같이 갚아 나가는 방식). S.B.A. 융자를 받는 사람에 따라 이자율은 약간의 차이가 날 수 있다. S.B.A. 융자로 건물과 함께 비즈니스를 구입할 시 이자율도 낮고 기간 역시 최장 25년까지 되는 것으로 알고 있다.

2024년 1월 S.B.A. 융자
◎ 비즈니스 이자율 : 10.25~
◎ 상업용 건물 이자율 : 9.25~

    S.B.A. 융자를 받을 대상의 비즈니스는 월 수익에서 모든 지출 심지어 장비 감가상각비까지 제외하고, S.B.A. 융자 금액을 갚고 합당한 금액의 생활비를 가져가야 한다. 이 정도의 비즈니스가 되면 S.B.A. 융자가 나올 확률이 높다.

    이 제도는 소상인들에게 매우 좋은 제도인 것은 확실하다. 그러나 S.B.A. 융자에도 단점이 있다. 시중 은행들은 서류로만 검토하여 결정하기에 S.B.A. 융자를 받는 본인이 장시간에 걸쳐 융자 대상의 사업체를 아주 세심하게 확인하고 결정해야 된다.

    S.B.A. 융자는 절대로 탕감이 안 된다는 것도 기억하여야 된다. 오랜 기간이 지난 후, 코로나19가 매우 성행하였을 때 전에 운영하던 피자집 앞을 차로 지나갈 일이 있어 매우 흥분된 마음으로 보니 점포는 비어 있고 간판도 없었다. 코로나19로 문을 닫았는지 알 수는 없지만, 나의 마음은 매우 착잡하였다. 나에게는 너무나 많은 추억을 남겨 준 가게인데…….

S.B.A. 융자를 받을 수 있는 사람의 자격과 사업체

① S.B.A. 융자 대상의 사업체의 3년간 세금 보고가 제공되어야 한다.
② 전체 금액의 20~30%, 다운 페이에 해당하는 돈의 출처가 매우, 매우 선명하고 정확해야 한다(이 상황에서 자격 미달이 많음).
③ 다른 사람에게 돈을 빌리거나 집 또는 부동산 담보로 돈을 빌려 다운 페이 할 돈을 마련하면 S.B.A. 융자가 안 되는 것으로 알고 있다.
④ S.B.A. 융자를 받는 사람은 범죄 사실이 없어야 한다.
⑤ 구입하는 비즈니스에 경험이 있어야 한다.

다른 사항도 많이 있지만 특히 이 5가지가 S.B.A. 융자를 받는 데 매우 중요하다.

* 다운 페이는 미국에서 건물이나 비즈니스 구매 시 은행에서 빌린 대출금을 제외한 금액의 현금 지불을 의미한다.

미팅

피자 가게를 운영하면서 똑같은 재료를 오랫동안 거래해 온 도매상에서 물건을 받았다(전 주인도 같은 곳에서 받았음).

피자 가게 매상은 대략 피자 40%, 치즈 스테이크 30~40%, 나머지는 튀김 종류와 음료수이다. 치즈 스테이크는 소고기가 주원료이고, 부위는 립아이(꽃등심)다. 소고기 부위와 질이 매우 중요했다.

치즈 스테이크 소고기가 같거나 비슷한 품질이 들어오다가 어느 때는 소고기 품질이 매우 안 좋은 고기가 들어올 때(손님 중 예민하신 분들이 문제를 제기함) 나는 잘 안되는 영어로 도매상에게 전화를 했다. 오랫동안 거래를 해 왔기에 도매상 담당자와 좋은 관계를 갖고 있었다.

전화로 항의하는 나는 상대방의 말을 잘 알아듣지 못하겠고, 처음 들어 본 영어 단어로 이야기했다. 대충 그의 말을 들어 보니 제조하는 곳에서, 다른 소고기 부위가 포함된 것 같다고 이야기하는 것 같았다. 그러나 나는 그가 하는 이야기를 완벽하게 알아듣지 못했다.

그들은 또 내가 알아들었는지, 못 알아들었는지 신경 쓰지 않고 계속 전화로 이야기했다. 나는 전화로 이야기하는 도매상 직원에게, 나는 지금 당신이 한 이야기를 알아듣지 못했다고 말하고 시간을 약속하여 미팅을 갖자고 했다.

그들과 미팅을 가지려면 그들과 동등한 영어로 대화를 할 수 있는 자식에게 부탁하여야 했다. 자식들도 미국 생활이 매우 바쁜데 부모를 도와주려고 시간을 내야 하는 것이 미안하다는 생각이 자주 들었다.

그들과 미팅을 한 후 도매상의 상사와, 담당자들은 나에게 매우 정중히 사과를 하고 또 문제점을 해결하려고 노력하는 모습을 보이고 수시로 나에게 전화를 하여 매우 잘 알아듣게 설명했다.

만약 내가 잘 안되는 영어로 계속 문제를 제기했다면 그들은 신경을 별로 안 쓰고 또 잘못된 문제도 해결이 안 되었을 것이다. 이 모습이 이민 사회의 현실적인 모습이 아닐까 하는 생각이 들었다.

비즈니스 경험

나는 한국에서 다양한 비즈니스를 운영해 보았기에 이곳 미국에서의 비즈니스에도 많은 관심이 있어 미국에 도착하고 며칠 안 돼 스몰 비즈니스를 운영하는 분을 따라 비즈니스도 구경할 겸 같이 가 보기로 했다.

새벽 5시경 첫인상이 매우 점잖게 보이며 나이 또한 지긋하신 아저씨와 아주머니를 따라 벤 승용차를 타고 갔다. 내가 거주하고 있는 곳에서 차로 약 50분 정도 소요되었다. 도심다운 타운을 지나 매우 큰 병원 옆 대로변에 있는 규모가 매우 큰 1층 건물 안쪽에 자리 잡은 작은 부스였다.

이 건물 1층은 주로 먹는 음식을 파는 상권으로 생각되었다. 고객은 70~80% 아프리칸 아메리칸이고 나머지 20~30%는 타 인종이었다. 가게에 도착하자마자 주인아저씨께서 나에게 하는 말이 다른 것은 하지 말고 오직 계산대 옆에 바짝 붙어 서 있으라고 했다(손님들이 의자에 앉아서 먹는 곳은 없고 전부 테이크아웃).

오전 10시가 조금 넘어 외국 여성 두 명이 왔다. 두 외국 여성은 출근하여 나를 보고 자기들끼리 무슨 이야기를 하며 서로 킥킥거리며 웃었다. 나는 두 여성에게 인사를 하고 주인아저씨가 말한 대로 계산대 옆에 바짝 서 있었다. 나는 처음에 주인아저씨가 그냥 계산대 옆에 서 있으라고 하여 조금 이상하게 생각되었다. 비즈니스 흐름도 보고, 또 육체적으로 체험도 해 보고 싶었는데 내 모습이 아주 우스운 상황이 되었다.

이곳 비즈니스 체계는 한 명의 외국 여성이 손님에게 돈을 받아 주인에게 갖다주고 다시 주인에게 잔돈을 받아 음식과 함께 손님에게 주는 방식이었다. 또 다른 한 명의 외국 여성은 중간에서 음식을 나르며 도와주는 역할을 했다. 주인아주머니는 음식만 만들었다. 바쁜 시간에는 모든 일을 빠르게 행동해야 했다. 하나의 예를 들면 지역 한인 신문 구인란에는 손 빠른 분을 구한다는 광고도 올라왔다.

바쁜 점심시간에 손님에게 돈을 받는 외국 여성을 내가 자세히 보니 손님에게 받은 20불짜리를 주인아저씨에게 갖다 주지 않고 돈을 접어 자기 한 손에 꼭 쥐고 가게 밖 통로로 나가고 이곳에서 일하는 다른 외국 여성이 밖으로 나간 여자의 역할을 했다. 밖으로 나간 여성은 5분 정도 있다가 다시 가게로 와 아무 일 없다는 듯이 미소를 짓고는 하던 일을 하였다. 두 여성은 번갈아 가며 그런 행동을 하고 있었다. 그들의 모습을 본 나는 너무 황당하고, 어이도 없어 내 얼굴에 열까지 나고 있었다. 그리고 나는 주인아저씨와 외국 여성을 멍하니 쳐다보고 있었다.

두 여성의 그러한 행동이 한 번도 아니고 여러 번 반복되었다. 주인아저씨도 그들의 행동을 알고 있는 듯한 표정이었다. 주인아저씨는 계속해서 나에게 하는 말이 손님에게 돈을 받는 외국 여성 옆에 더 바짝 붙어 서 있으라고 말했다. 나는 점심시간 동안 그런 상황을 계속 보고 가게 안에 그냥 서 있으니 내 머리가 돌 것만 같았다.

두 여성 행동이 반복되는 모습을 보고도 주인아저씨는 그들에게 아무 제지도 하지 않았다. 나는 그 상황을 보고 서 있으니 두통도 오고 열도 나 주인아저씨에게 밖으로 나가 좀 쉬어야 되겠다고 하였다. 이 비즈니스의 모든 상황이 나에게는 정말 감당이 안 되었다. 그리고 주인아저씨에게 비즈니스를 그만 보겠다고 했다.

첫 번째, 비즈니스와 합리적인 협상

오피스 빌딩 안에 있는 델리를 구입했다(써브웨이 매장과 매우 비슷함). 깨끗하고, 보기 좋고, 나름 안전하다고 생각했다. 단점은 순수익이 적고, 장사에 비전 또한 없다는 것이다.

그 당시 이곳 델리의 순수입은 월 5,000~6,000$ 정도였다. 주 5일 근무에 AM 7:00~PM 4:00 미국 공휴일은 모두 휴무였다. 내 나름대로 우리 가족이 생활할 수있다고 생각했고 가장 중요한 것은 손님들을 나와 아내가 감당하기 괜찮아 보여 결정했다.

당시 신용이 전혀 없는 우리를 건물주가 임대를 원하지 않아 전 주인이 코사인(Co-Sign)을 해 주는 조건으로 건물주에게 임대 허락을 받았다. 새로 들어와 장사하는 사람들이 임대료를 제때 못 내거나 또 건물에 입주해 있는 고객에게 큰 문제를 일으키게 될 때 전 주인은 아무 조건 없이 비즈니스를 인수하여 운영하는 조건의 사인이었다.

이 델리를 보고 미국에서 사귄 친구가 말렸다(매달 가져가는 수익이 적다는 이유). 차라리 변두리 지역에 있는 비즈니스를 생각해 보라고 했다. 몇 군데 사업체를 보았고 어떤 사업체는 손님들 상대를 나와 아내가 감당을 할 수 없어 매달 가져가는 돈은 적지만 오피스 델리로 택했다.

약 3년 정도 그럭저럭 오피스 델리를 운영했다. 어느 날 갑자기 빌딩 안에 근무하는 사람들의 40%가 다른 빌딩으로 이주했다. 그리고 난 후 정확히 매상은 40%가 줄고 순이익 역시 30~40%가 줄었다. 그런 상황이 되어 매우 당황하였는데 건물이 좋고 위치 또한 좋아 곧 다시 건물에 사람들이 찰 것이라고 생각되어 기다렸다(그 당시 한국에서 이민 온 지 얼마 안 되어 그런 생각을 가짐).

미국에서는 건물이 한번 공실이 되면 채우기까지 매우 오랜 시간이 걸렸다(나중에 안 사실임). 시간이 지나도 오피스가 건물에 차지 않고 수익 또한 줄어 매우 걱정이 되었다.

우리가 먼저 빌딩을 관리하는 오피스 매니저에게 상황을 물어봤다. 매니저는 젊은 백인 여자이고 매우 나이스하고 친절했다. 그가 하는 말이 우리에게 매우 미안하다고 하며, 몇 군데 회사가 관심을 갖고 있다고 하며 조금 더 기다려 보라고 했다. 또 몇 개월이 지나도 소식이 없기에 우리는 델리의 월 매상 자료와 주매상 자료를 준비해 매니저와 또다시 미팅을 가졌다.

매니저는 매우 미안하다고 하며 델리 렌트비(가겟세)를 반만 받겠다고 우리에게 물었다. 계약 당시 렌트비는 3,500$ 정도로 기억되고 매년 3% 인상되는 것이었다. 매니저는 빌딩이 다시 찰 때까지 1,500$로 해 주겠다고 우리에게 의견을 제시했다. 우리는 그 조건에 빌딩 매니저의 딜 협상을 승낙했다.

그리고 몇 개월이 지나도 빌딩에 새로운 사람들이 들어온다는 소식이 없어 또다시 매니저와 미팅을 가졌다. 매니저는 우리에게 다른 조건의 딜 협상을 제시했다. 델리 렌트비 500$만 내고 있든지(새로운 사람들이 들어올 때까지), 또는 너희가 비즈니스 문을 닫고 나갈 경우 너희들의 신용에는 전혀 문제를 삼지 않겠다고 했다. 매니저 이야기를 듣고 렌트비 500$만 내는 것으로 매니저의 제안을 승낙했다.

미국 생활 속에서 딜 협상은 자주 접하게 되고 내가 보고 느끼는 것은 이곳 사람들은 딜 협상에 아주 익숙하고 또 딜 협상을 즐기는 듯했다. 미국에서 비즈니스를 하면서 비즈니스가 안 되어 건물주의 허락 없이 비즈니스를 닫고 나갔을 경우, 세입자의 신용 등급은 완전 망가져 미국 어디에서도 다시는 비즈니스를 할 수 없을 지경이 된다.

특히 미국에서 새 차를 살 때 자동차 딜러와 딜 협상을 하다 보면 몇 시간 동안 진이 빠져 녹초가 된다. 오랜 기간 미국 생활한 지금은 새 차를 구입할 때 아래의 방법을 쓰고 있다.

다른 여러 군데 자동차 딜러에서 차량 가격을 알아본 후 나의 모든 차량 정보가 있는 딜러(한 번이라도 자동차를 구매해 본 적이 있는 딜러)에게 구입하고 싶은 차량의(아웃도어 총 금액) 가격을 제시하고 전화를 기다린다. 대부분의 거래 요청서를 낸 딜러에서 승낙한다고 전화가 온다(꽤 괜찮은 방법인 듯함).

* 코사인(Co-Sign)은 전 주인이 보증을 선다는 개념이다.
* 참고로 코사인은 새로 가게를 인수하여 장사하는 분들에게는 별로 권하고 싶은 방법이 아니다.
* 아웃도어 가격은 차량에 들어가는 모든 비용이 포함된 가격이라는 의미이다(추가 비용 없음).
* 미국에서 딜러는 자동차 파는 곳을 의미한다.

전공

둘째 딸은 한국에서 초등학생 때부터, 동요를 잘 불러 상도 많이 받았고 또 커서 성악을 전공하려고도 하였다. 둘째 때문에 어린이 동요 가요제 대회가 있을 때마다, 아내가 많이 따라다녔고 나 역시 몇 번 따라가 봤다. 미국으로 이민 와서도 성악 공부를 같이하였다. 대학 입학 원서는 음대와 일반 대학에도 냈다.

어느 날 아내가 나에게 둘째가 필라델피아에 있는 음악 대학에서 며칠까지 성악 오디션을 보아야 한다고 하기에 그 말을 듣고 내가 다시 물어보았다. 그 대학 학비가 얼마나 드냐고 물으니, 학비는 전액 장학금이고 생활비, 레슨비, 아파트 월세를 포함하여 일 년에(그 당시) 5~6만 불이 든다고 했다.

그 말을 듣고 나는 못 보내고 또 못 간다고 하였다(매우 단호하게). 우리 생활에 가장 문제가 되는 것은 1년 동안 학비 외 들어가는 비용이었다. 아내는 나에게 둘째가 오디션만이라도 보게 하자며 사정했다.

이 문제가 생기고 난 후부터, 나와 아내는 많이 다퉜다. 나는 둘째가 미국에 정착하여 살아갈 때 현실적으로 냉정하게 생각을 해야 된다고 아내에게 이야기했다.

둘째는 오랜 기간 동안 음악을 했고 또 소질도 있어 보여 나와 우리 아내 역시 좋아했다. 그 일이 있고 난 후 나는 며칠 동안 많은 고민을 한 후, 나 혼자 결정하였다. 둘째 생각을 바꾸어야 되겠다고.

나는 혼다 자동차의 딜러에게로 가 혼다 어코드 스포츠 버전으로 자동차 문 2개짜리, 풀 옵션, 색깔은 검정색으로(가죽 시트도 검정색이었음) 구매했다. 그 당시 차량 가격만 25,000불 정도로 기억된다. 나는 그 당시 신용 등급이 좀 높았기에 다운 페이 없이 60개월 할부로 구매했다. 그 시기에는 차량 이자율이 매우 높았다. 차량 월 상환금이 500불 정도로 기억된다.

차 딜러에서 내가 산 차를 잠시 몰아 보니 차가 날렵하고 멋있게 보였다. 그 당시 가족이 살고 있었던 곳이 큰 아파트 단지였는데 아파트와 가까운 주차장 가로등 밑에 며칠 동안 그대로 세워 두었다.

아내와 가족들에게 자동차를 구매하였다고 일절 이야기 안 했다. 차가 주차되어 있는 곳을 가끔 보니 아파트 단지에 사는 학생들이 내가 구매한 차를 보고 멋있다고 구경했다.

며칠이 지난 후 늦은 저녁 시간에 둘째에게 밖에서 잠시 이야기하자며 아파트 주차장 가로등 밑에 있는 내가 구매한 혼다 어코드 차량으로 데려갔다(그 당시 정확하게 기억에 남는 것은, 주차장 가로등과 보름달이 너무 환하게 비추고 있어 차가 매우 반짝반짝 광택이 났음).

나는 간단하게 둘째에게 이야기했다. "아빠가 너에게 이 차를 주려 한다"라고 하니 나를 쳐다보지도 않고 차만 계속 쳐다보며 감탄을 하는 것이었다. 둘째의 그 모습을 본 순간, 나는 바로 "그런데 주는 조건이 있어. 너의 전공 바꿔야 해"라고 간단하게 말하였다.

둘째는 나를 쳐다보지도 않고, OK라고 말했다. 반대편 쪽에 있는 둘째에게 "이제 이 차는 네 꺼야" 하고 바로 자동차 키를 던져 주었다. 그리고 나는 아파트로 들어가면서 제발 아무 사고 없이 잘 타기를 바란다고 마음속으로 간절히 기도했다.

또 한편으로는 섭섭하기도 하고 미안한 마음도 있지만 시원하다는 생각도 들었다. 그리고 60개월 동안 500불씩 자동차 할부를 갚을 생각을 하니 씁쓸한 생각도 들었다. 둘째는 그 차를 아무 사고 없이 약 17만 km 이상을 탄 후 중고차 딜러에게 7,000불을 받고 팔았다고 한다.

약속

큰딸이 대학을 졸업하고 집으로 돌아와 취업 준비를 하는 동안, 집에 작은 소동이 있었다. 집으로 와 몇 달이 지난 시기에 큰딸을 보니, 긴장이 좀 풀린 듯해서 아내와 상의 없이 나는 큰 딸에게 선전포고를 하였다. 앞으로 두 달 후부터 내 집에 살고 있는 동안, 매달 1,000불씩 내야 하고, 방의 비용을 내지 못할 경우 내 집에서 나가야 한다고 매우 단호하게 이야기했다.

그때 큰딸과 아내가 같이 있었는데, 나의 선전포고를 들은 큰딸은 황당하고 어이없다는 표정에 얼굴이 벌겋게 달아올랐다. 큰딸에게 선전포고한 후 얼마 동안 아내와 심하게 말다툼을 하였다.

아내가 그게 부모가 할 말이냐고 하며(그 당시 계절은 추운 겨울이었음), 이 추운 겨울에 자식을, 그것도 여자아이인데 고작 방세를 안 낸다고 자기 집에서 내쫓아 내는 아빠가 세상에 어디에 있냐고 소리쳤다.

당시 내가 보기에도 직장을 찾지 않는 것도 아니고 단지 조금 긴

장감이 풀린 듯하여 한 말이었다.

 나는 미국으로 이민 올 때 비행기 안에서 마음속으로 몇 가지 스스로 약속한 것이 있었는데, 그중 하나가 아무리 작은 약속이라도, 그리고 어떠한 상황에서라도 스스로와 한 약속은 꼭 지킨다고 다짐한 것이었다. 첫째 손녀에게도 초등학교 들어가기 전 '약속은 약속이다'라는 영어 단어를 제일 먼저 가르쳐 주었다.

 한국에서 나의 생활은 아주 쉽게 약속을 하고, 너무 쉽게 잊어버리거나 스스로 안 지키는 경우가 허다했다. 미국 생활을 하면서, 아주 작은 약속부터 지키려고 노력하니 자연스럽게 몸에 배는 것 같았다. 가족들은 아버지의 말을 신뢰하고 또 아버지는 약속은 꼭 지킨다고 생각하는 듯했다.

 나의 선전포고가 있은 후 큰딸은 매우 긴장하고 있는 모습이 역력히 보였다. 사실 추운 겨울 날씨에 자식이 직장을 못 구해 방값을 내지 못한다고 내쫓는 부모가 세상에 어디 있겠는가. 그 후 큰딸은 내가 이야기한 기간 전에 직장을 구해 타 주로 이주해 생활하였다.

 시간이 흐른 후 큰딸은 시집을 가 자식을 낳고 생활하면서 아내에게 이야기했다. 아빠가 그때 자기에게 한 이야기를…….

강아지

둘째딸이 미국에서 대학 졸업 후 잠시 한국으로 나가 있었는데, 미국 집으로 다시 돌아올 때쯤 나에게 전화를 걸어 왔다. 집으로 갈 때 강아지 한 마리를 데리고 가서 살면 안 되겠냐고 묻기에 나는 아내에게 의견을 물었다. 아내는 매우 단호하게 안 된다고 이야기했다.

아내는 동물을 별로 좋아하는 편이 아니었다. 나는 좋아하지도 않고 또 싫어하는 편도 아니다. 또다시 한국에 있던 딸이 전화를 해 사진으로 미국으로 데려올 강아지를 보여 주는데 이발도 시키고, 목욕도 시켜서인지, 정말 인형 같았고, 매우 깜찍하고, 아주 귀여운 모습이었다.

강아지 품종은 잘 모르겠으나 누런 갈색에 작은 발발이 믹스견 종류로 보였다. 그리고 전화로 나에게 집으로 오면 자기 방은 쓰지 않고 지하실 방에서 강아지와 함께 살겠다고 사정했다.

나는 아내를 여러 번 설득해서 절대 안 된다는 것을 OK로 만들었다. 딸은 집 지하실 방에서 강아지와 함께 살겠다고 했지만, 자기가 쓰던(우리 집에서 제일 좋은 방) 방에서 한국에서부터 데리고 온 강아지와 함께 살았다.

 딸에게 강아지를 입양하여 데려온 과정을 물으니, 강아지 보호소에서 데리고 왔다고 하며, 강아지 이름은 두부라 지어 주었다고 했다.

 두부가 우리 집에 온 후, 절대로 집 안에서 혼자 짖지 않고 누가 문을 두드리거나, 문 앞에 사람이 왔을 경우에만 몹시 짖어 댔다. 두부는 집으로 온 날부터 밖이나 뒷마당 문을 열어 주면, 쏜살같이 나가 볼일을 보았다.

 날씨가 좋은 날, 워싱턴 D.C.에 있는 조지타운 번화가 쪽으로 우리 네 식구, 그리고 두부와 함께 산책을 나갔는데 많은 미국인들이 두부를 보고, "So cute"라고 하며 두부와 같이 사진을 찍을 수 있냐고 물으며 난리가 났다.

 집 근처의 동네를 두부와 같이 산책할 때도 동네에 사시는 분들이 강아지가 무슨 종이냐고(믹스견이라고 대답함) 물으며 매우 매우 귀엽다고 했다.

 두부는 딸과 함께 15년째 살고 있다. 둘째 딸은 결혼 후 내가 살고 있는 집에서 차로 50분 정도 떨어진 다른 주에서 살고 있었는데, 어느 날 딸이 나에게 전화를 해 한국에서 미국으로 입양 준비 중인 강아지를 정식 입양될 때까지 데리고 있는 봉사를 한다고 말하기에, 나는 지금 두부가 있는데 왜 또 강아지를 데려오려 그러느냐고 핀잔을 주었다.

한국에서 미국으로 와 강아지가 정식 입양될 때까지 보호해 주는 봉사는 강아지의 먹이를 챙기고 기저귀를 채운 채 밖으로 도망가지 못하게 해야 한다.

어느 날 딸이 한국에서 미국으로 입양 준비하려고 데려온 강아지를 우리 집과 가까운 공항에서 픽업하여 나에게 보여 주려고 우리 집으로 왔다.

크레이트(켄넬 하우스) 안에 있는 강아지를 보니 회색빛이 도는 작은 믹스견으로 보였다. 그 강아지는 오랜 시간 동안 비행기를 타고 와 피곤한지 사람을 안 쳐다봤다. 그리고 며칠이 지나 초겨울 저녁 시간에 둘째 사위가 다급하게 나에게 전화를 해 보호 중인 강아지가 문밖으로 도망갔다고 말을 하고 딸은 다른 봉사자들과 함께 도망간 강아지를 찾아다닌다고 했다.

나는 전화를 끊고 손전등을 준비해 차로 50분 정도 걸리는 딸 집으로 갔다. 도망친 강아지를 다른 봉사자들과 함께 손전등을 켜고 밤에 몇 시간을 찾았는데 결국 못 찾았다.

나는 딸에게 넓고 숲이 매우 많은 이곳에서 어떻게 찾겠냐며 포기하라고 말했다. 딸은 그날 밤부터 자기 집 앞에 크레이트를 놓고, 음식도 놓고는 집 나간 강아지를 기다렸다.

다음 날이 되어 내가 딸에게 전화해 강아지를 찾았냐고 물으니 못 찾았다고 했다. 또 다음 날 역시 크레이트 앞에 강아지 먹을 음식을 놓고 밤에도 촬영되는 카메라까지 설치했다. 다음 날 딸은 내게 급하게 전화를 해 도망간 강아지가 크레이트 앞에 다녀갔다고 했다. 밤에 강아지가 카메라에 찍힌 모습을 나에게 보여 주었다.

또 그다음 날에는 아주 큰 크레이트(동물이 크레이트 안으로 들어가 음식을 먹을 경우 자동으로 크레이트 문이 닫힘)를 어디선가 구해 와 집 앞에 설치했다. 그다음 날 전화기를 사용해 화상 통화로 내게 전화를 해 잡힌 강아지를 보여 주었다. 너무 좋아하는 딸의 모습을 보니 대단하다고 생각이 되었다. 그 당시 둘째 딸은 직장도 다니고 있었다. 그리고 며칠이 지나 그 강아지는 아주, 아주 좋은 분에게 입양되었다.

경찰차

두 살 된 손자가 처음 말을 시작할 때 입을 뗀 몇 마디 중 하나는 경찰차라는 단어였다. 나는 손자와 그림 카드 놀이를 할 때 경찰차 카드를 들고 매우 큰 소리로 "Police Car"라고 하며 손자와 그림 카드 놀이를 했다.

피자집은 금요일 저녁이 매우 바빠서 가게 문을 닫고 1시간 넘게 고속도로(highway)를 운전해 집에 오면 몸이 녹초가 되어 한국식 뜨거운 사우나가 많이 생각이 났다.

초겨울 어느 금요일 피자집 일을 끝내고 집에 도착하니 몸이 무겁고 감기 몸살 기운도 있기에 11시경 집에서 차로 30분 정도 거리에 있는 한국식 사우나를 갔다.

2시간 정도 사우나를 하고 다시 차를 몰고 집으로 오는데(새벽 1시 정도 된 듯함) 내 차 뒤로 바짝 붙어서 경찰차가 따라오는 것이었다. 경찰차는 헤드라이트 불도 안 켜고 또 사이렌도 안 울리고 계속 바짝 붙어 따라왔다.

운전하면서 백미러를 보고 바짝 붙어 따라오는 경찰차에게 좌, 우로 비켜 주어도, 내 차에 바짝 붙어 계속 따라왔다(신경이 너무 쓰였음). 약 1마일 정도 지나서야 경찰차는 헤드라이트를 켜고 사이렌을 울리며, 경찰이 마이크로 내 차를 길가에 세우라고 했다.

나는 경찰관 지시에 따라 차를 갓길에 세운 다음, 비상등을 켜고 운전석에 앉아 있으니 경찰관이 내 차로 다가와 운전석 창문을 열라고 하여 운전석 차 유리창을 반쯤 열어 주었다. 경찰관이 내 얼굴을 보고 운전면허증과 몇 가지 서류를 달라고 했다. 다시 경찰관이 내 얼굴을 잠시 쳐다본 후 내가 준 운전면허증과 서류를 갖고 자기 경찰차로 갔다.

내가 차에서 백미러로 보고 있으니 다른 경찰차 한 대가 사이렌을 울리며 왔다. 경찰관 두 명이 서로 이야기하는 것 같더니 늦게 온 경찰관 한 명은 자기가 타고 온 경찰차를 타고 어디론가 가 버렸다. 운전면허증과 서류를 갖고 간 경찰이 내게로 다가와 면허증과 서류를 주면서 하는 말이 내가 레인 체인지를 했다고 하며 230$인지, 250$인지(정확히 기억이 안 남) 티켓을 끊어 줬다.

나는 경찰관이 준 티켓을 받고 너무 어이가 없어 내 차 운전석 문을 열고 나가 경찰차로 가는 경관에게, 한국말로 내가 무슨 레인 체인지를 했냐고 큰소리로 말했다(급할 때는 한국말이 먼저 튀어나옴). 원래 규칙상 운전석에서 나오면 안 되는 것으로 알고 있다.

그 경찰관은 나를 쳐다보더니 콜트(법정)에서 보자고 하며 경찰차를 타고 가 버렸다. 나는 경찰관이 준 티켓을 받고 너무 화가 나고, 또 심장이 두근거려, 내 차에 잠시 동안 앉아서 그 당시를 곰곰이 생각해 보니, 경찰차가 내 차에 바짝 붙어 따라오기에 도로에 그어진 흰 줄 선을 넘어 경찰차에게 비켜 주려고 한 것 같다.

그 경찰은 나를 음주 운전자로 생각하여 따라온 것 같은 느낌이 들었다. 사우나가 있는 상가에는 한국 식당들이 몇 군데 있는데 같이 사용하는 주차장에서 늦은 시간에 내 차를 보고 따라온 것 같다(그곳 음식점들은 늦은 시간까지 영업을 함). 나는 너무 억울하고 분하여 콜트(법정)에 갈까도 생각했는데 콜트에 가면 그날 하루 가게 일을 못 하고, 또 영어가 부족하여 돈 주고 통역을 구하든지, 또는 자기 생활도 바쁜 자식에게 부탁하여야 된다.

며칠 고민 후 그 당시 경찰관이 써 준 금액을 개인 수표로 써서 우편으로 보냈다. 그리고 마음 굳게 다짐을 했다. 무조건 날이 어두워지면, 아주 특별한 경우가 아닐 때 빼고는 절대로 차를 몰고 나가지 않기로 했다.

* 콜트 – 법정에 정해진 날짜에 가면, 티켓을 발부한 경찰이 나와 있다. 판사는 상대방의 이야기를 모두 듣고 대체로 벌금을 감해 주거나, 면제해 주며, 벌점 역시 낮게 바꿔 준다.

베지터블 팬케이크

비가 오거나 날씨가 끄물끄물할 때 한국에서는 빈대떡과 파전이 생각이 나는데 미국에서도 똑같은 날씨가 되면 빈대떡과 파전이 무척 생각이 났다.

피자집을 운영할 때 종업원은 거의 고등학교 학생이고 이 가게에서 아주 오래 근무한 백인 할머니가 있었는데, 그분은 주인이 몇 번 바뀌어도 계속 근무하였다.

어느 날씨가 흐린 날 나와 아내가 파전이 먹고 싶어 그릴에다 파전을 만들었다(치즈 스테이크, 핫 샌드위치가 많이 팔리는 가게이기에 매우 크고 철판이 두꺼운 전기 그릴이 있었음).

밀가루와 계란, 파, 깻잎, 당근, 양파를 넣고 파전을 얇게 부쳐 바둑판처럼 썰어 백인 할머니와 일하는 학생들에게 먹어 보라고 하고 이 음식의 이름은 베지터블 팬케이크라고 말하였다. 그리고 한국에서 이 음식은 날씨가 흐리거나, 또 비가 오거나, 습도가 높을 때 먹는 음식이라고 내가 설명했다.

그들은(할머니와 학생들) 조금 먹어 본 후 나를 보고 그냥 "OK"(그저 그렇다는 의미)라고 대답하며 좋아하는 표정이 아니었다. 그들의 모습을 자세히 보니, 파 줄기가 치아 사이에 끼어 손가락으로 치아 사이에 낀 파 줄기를 연신 빼어 내고 있었다. 대다수 미국인들은 치아 사이에 끼는 음식을 좋아하지 않는다. 이들이 좋아하고 자주 먹는 음식들은 바삭바삭하고, 부드럽다.

피자집을 그만두고 나는 집에 있고 아내는 직장 생활을 하는데 같이 근무하는 직원 한 분이 생일이라 파티를 하는데 직원 각자 음식을 한 가지씩 가져가야 된다고 했다(대다수 미국인의 파티 문화는 자기가 잘 만드는 음식을 한 가지씩 가져와서 서로 이야기하며 각자 만들어 온 음식을 나누어 먹는 문화).

아내가 나에게 파전을 해 달라고 부탁하기에, 나는 피자집 운영할 때 백인 할머니와 종업원 학생들이 썩 좋아하지도 않고 잘 먹지도 않았던 것에 대해 물으니 이번에 파전을 만들 때 첫째로 깻잎을 절대로 넣지 말고 양파, 당근, 파, 부추를 넣고 파전 모양을 동그랗게, 그리고 약간 두툼하게 만들어 달라고 하여 아내가 시키는 대로 만들었다.

그 당시 살고 있었던 곳이 타운하우스였는데 작은 뒷마당이 있어 그곳에 항상 파와 부추를 심었다. 그 채소를 뜯어 와 양파와 당근을 추가하고 동그랗게, 그리고 약간 두툼하게 서너 장의 파전을 만들어 놓았다. 직장에서 돌아온 아내는 나에게 파전을 피자 슬라이스 한 것과 똑같이 8쪽으로 자르라고 했다. 다음 날 직장으로 파전을 갖고 갔다.

직장에서 돌아와 아내가 흥분하며 나에게 하는 말이 파티에서 난리 났다고 했다. 파전을 먹어 본 직장 사람들이 그 맛에 놀라 이렇게 맛있는 음식 이름이 무엇이냐고 묻기에, 한국 전통 음식이며 베지터블 팬케이크라고 말했다고 했다. 그리고 파티를 함께한 모든 사람들이 하나같이 레시피를 써 달라고 하여 모두에게 파전 만드는 방법을 써 주었다고 했다.

나는 놀라 피자집을 운영할 때 먹었던 똑같은 파전을, 그것도 더 좋은 그릴에다 만들어 먹었는데 직원 모두에게 별로라는 느낌을 받았지 않았냐고 했더니 아내는 오늘 가져간 파전을 먹어 본 사람들은 난리 났었다고 했다.

내 나름대로 생각해 보면 문제의 핵심은 파전을 바둑판처럼 썰지 않고 그들에게 익숙한 피자 조각과 같은 모양으로 썰었고, 또 파전을 피자처럼 도톰하게 만들었고, 그들이 싫어하는 깻잎을 안 넣고, 그들이 즐겨 먹는 케첩과 허니 머스타드 소스와 같이 먹으니 그들의 음식 문화와 잘 접촉되었다는 생각이 들었다. 매우 좋은 아이디어라고 생각이 되었다. 아내는 파전이 파티에서 매우 히트 쳤다고 자주 자랑했다.

퀴퀴하고 이상야릇한 냄새

피자집 하기 전 큰 빌딩 안에서 샌드위치를 만들어 파는 델리 비즈니스를 하였는데, 빌딩은 10층이고 그런 규모의 빌딩이 세 동이 있었다. 그중 한 빌딩에서 델리 비즈니스를 하면서 겪은 일이었다.

주로 고객은 빌딩 안 사무실에서 근무하는 오피스 사람들과 큰 통신 회사에(전체 빌딩의 40% 정도를 임대해 쓰고 있었음) 근무하는 사람들이었다.

우리의 점심시간은 손님들이 몰려들어 바쁜 점심시간이 끝난 후 점심을 먹을 수 있었다. 점심은 주로 샌드위치를 먹거나 일주일에 한 번 정도는 한식을 먹었다. 될 수 있는 대로 가게 델리 안에서 김치, 깍두기, 참기름 냄새가 나지 않게 하려고 노력하였다.

어느 여름철 가게 주방 냉장고에 있는, 깍두기를 담아서 먹고 난 큰 통을 보니, 깍두기는 없고 깍두기 국물만 곰삭아 퀴퀴하고 이상야릇한 냄새가 나길래 냄새가 너무 지독하여 깍두기 국물을 버려야 하는데 고민이 되었다.

어디에다 버릴까 망설이다가 델리 가게 주방 하수구에 버렸다. 버리고 난 후 지독한 냄새가(퀴퀴하고 이상야릇한 냄새) 온 델리 주방 전체에 진동했다. 이곳 빌딩들은 공기 순환 시스템과 냉난방 시스템이 중앙 공급이기에 외부에 있는 공기가 직접 들어오거나 가게에서 창문을 통해 직접 배출이 안 되었다.

빌딩에 공기 흡입과 배출은 천장에 있는 환기구를 통하여 순환되었다. 가끔 가게 델리 음식 냄새가 빌딩 전체로 퍼져 우리 빌딩에 근무하는 사람들이 빌딩 관리 사무소로 항의했다. 빌딩 관리 사무실에서는 다시 우리 가게로 연락하여 음식 냄새를 줄이라고 했다. 몇 번 항의받았다.

곰삭은 깍두기 국물을 델리 주방 하수구에 버리고 난 후 조금 지나 8층 오피스에 있는 백인 남성 변호사가(우리와 매우 친함) 눈을 동그랗게 뜨고, 매우 놀란 표정으로 허겁지겁 1층 우리 델리로 와, 우리 빌딩 하수구에 문제가 생겨 빌딩 전체에 큰 문제가 생기었다고 하며 너희 델리는 아무 문제가 없냐고 묻기에, 우리 가게는 아무 문제가 없다고 하였다. 그리고 누군가가 관리소에 신고했는지 빌딩 관리하는 사람들이 우르르 몰려와 빌딩 전체를 점검하고 난리를 피웠다.

나는 속으로 웃음도 나고 우리 빌딩 사무실에 근무하는 사람들에게 매우 미안하게 생각이 되었다. 그런 해프닝이 있고 난 후부터, 김치와 깍두기는 가게 델리에서 담가 먹지 않고 집에서 담가 조금씩 가져와 먹었다.

　나이가 들어 지금은 시니어 콘도에 살고 있는데 가끔 복도에서 다른 나라 민족의 음식 냄새가 스멀스멀 난다. 나는 그 냄새가 좋지도 않고 그렇다고 아주 나쁘지도 않게 느껴졌다. 그때 깍두기 국물 해프닝이 기억에 남아 시니어 콘도에서 가끔 김치찌개를 끓여 먹을 때는 집의 창문 모두를 열고 먹었다. 그리고 깍두기를 먹을 때마다 항상 그 당시 생각이 떠올라 먹으면서 웃게 되었다.

평범한 시민의 삶

　나는 걷는 것을 무척 좋아해 하루에 보통 한 시간 정도는 꾸준히 걷고 있다. 미국에 내가 살고 있는 곳에서 차로 약 20분 거리에 카운티 공원이 있는데 그 공원 크기가 걸어서 약 1시간 반 정도 걸리고 공원 중앙에는 큰 호수가 있어 매우 아늑하고 아름다운 공원이었다(유료 공원인데 공원이 속해 있는 카운티 사람에게는 무료임).

　나무가 우거진 공원 오솔길을 따라 걷다 보면 여러 그루의 보리수나무가 있는데 보리수 열매가 발갛게 익을 시기에 산책을 하면서 한국에서 겪은 나의 어린 시절이 생각이 나 더욱 정겨움을 느꼈다.

　그런데 어느 때부터인가 동양인으로 보이는 사람들이 발갛게 익은 보리수 열매를 따려고 매미채로 보이는 것을 들고 와 가지를 매미채로 흔드는 모습을 보니 나 역시 동양인의 한 사람으로서 매우 씁쓸하고 민망한 생각이 들었다.

　그곳 공원을 가지 못할 시에는 우리 집에서 직선거리로 약 500m쯤 거리에 있는 대학 정문까지 산책을 하는데 산책할 때마다 가끔 보이는 나이가 아주 지긋하신 남자분이 볼 때마다 항상 도로변 풀숲 속을 혼자 청소하고 있었다.

나이가 지긋하신 그 남자분은 대형견 검정색 레트리버 두 마리와 커다란 검정색 쓰레기 비닐봉지, 그리고 커다란 집게를 가지고 도로변 숲속을 헤치고 다니면서 비닐 및 쓰레기를 청소하셨다.

내가 일주일에 한두 번 그곳을 산책하는데 항상 똑같이 대형견(검정색 레트리버) 두 마리와 함께 검정색 쓰레기봉투를 들고 도로변 길을 따라 청소했다. 아마도 내 생각으로는 그곳 도로변 가까운 곳에 사시는 분인 것 같다. 전에 살던 타운하우스에서 이사 와 현재 살고 있는 씨니어 콘도에서도 나아가 지긋하신 분이, 흰 비닐 봉투를 들고 인도 옆 풀 숲에서 쓰레기를 줍는 모습을 볼 수 있다. 그리고 7월 어느 날 동네에 많은 분들이 산책하는 도로에 늘어진 나뭇가지를 어느 분이 손수 자르는 모습을 보았다. 일년에 몇 번 정도는 이 지역을 관리하는 용역업체에서 관리해 주는데 나는 그분에게 다가가 땡큐라고 인사를 했다. 그분도 웃으시면서 천만에요, 라고 인사를 한다.

또 한번은 금요일 동네 슈퍼마켓 세일 광고를 보고 광고에 나와 있는 세일 품목 물건을 사려고 슈퍼마켓을 갔는데 세일 품목을 산더미같이 쌓아 놓았다. 품목은 포장된 과일 종류였고 하나 사면 하나는 덤으로 얹어 줬다.

세일하는 품목 쪽으로 가 보니 나이가 지긋하신 할아버지와 손자뻘 되는 아이(초등학교 2~3학년쯤)가 포장 과일을 고르고 있었다. 하나 사면 하나가 덤이기에 할아버지가 두 개를 고른 후 손자뻘 되는 아이가 하나 더 고르며 할아버지를 쳐다봤다. 할아버지는 단호하게 "안 돼" 하면서 다른 사람도 가져가야 된다고 했다. 그리고 손자뻘 되는 아이에게 손에 쥐고 있던 포장된 과일을 있던 곳에 내려놓으라고 했다. 아이는 포장된 과일을 있던 곳에 내려놓았다.

생명

이곳 미국에서 오랜 세월을 살다 보니 정신적인 여유로움이 살면 살수록 더욱더 찾아오는 것 같았다.

전에 내가 살던 타운하우스에서 딸이 사는 곳까지는 걸어서 약 20분 정도 걸렸다. 딸이 자기 집으로 오라고 전화를 하면 산책 겸 걸어갔다. 초여름 딸 집으로 걸어가는데 맞은편에서 초등학생 1~2학년쯤 되어 보이는 여자아이와 남자아이가 걸어오고 있었다. 여자아이는 자전거를 끌고 오고 있었다.

둘이서 걸어오다 갑자기 여자아이가 끌고 오던 자전거를 옆 풀밭 잔디에 팽개치고 햇빛을 받고 모래가 묻어 인도 콘크리트 바닥에서 버둥거리는 약 10cm 정도 크기로 보이는 지렁이를 손으로 잡아 도로 옆 잔디 위에 살포시 놓아 주고 다시 자전거를 끌고 남자아이와 이야기를 주고받으며 갔다. 이 나이에 어린아이의 그런 모습을 본 나는 생명의 소중함에 대해 다시 한번 생각하게 되었다.

홈 데포로 가는 길

 내가 살고 있는 곳에서 차로 5분 거리에 홈 데포가 있다. 이날 아침 그 곳에서 필요한 물건을 구입하려고 차를 타고 가지 않고 걸어서 갔다.

 홈 데포에 거의 다 와 횡단보도 신호등 앞에서 빨간불이 바뀌길 기다리고 있었다.

 내 옆에는 나와 함께 여성 네 분이 기다리고 있었는데 두 명은 중년으로 보이는 백인 여성이고 한 명은 나이가 젊은 백인 여성 그리고 한 명은 동양인 여성이었다. 일행 중 동양인 여성은 외모로 보아 중국인 아니면 한국인으로 보였고 나이는 18세 후반 정도로 되어 보였는데 그 여성은 장님이었다. 그는 한 손에 장님들이 항상 가지고 다니는 지팡이를 짚고 있었고 검정색 뿔테의 검정색 안경도 쓰고 있었으며 머리는 한 가닥으로 묶여 있었다.

 동양인 장님 여성은 일행 중 젊은 백인 여성의 한 손을 꼭 잡고 그에게 몸도 바짝 기대고 있었다.

이들 일행이 이곳까지 걸어온 것을 보니 근처에 사시는 분들로 보였고 횡단보도를 건너 맥도날드로 아침 식사 하러 가는 중이였다.

내가 아침마다 산책하는 도로에서도 나이가 있으신 동양인 여성 두 분을 가끔 보는데 한 분은 장애가 있어 보였고 항상 같이 걷는다. 나는 이 두 분을 볼 때마다 홈 데포 가는 길에서 본 백인 여성 분들과 동양인 장님 여성 분이 떠오른다.

* 홈 데포 : 가정용 가전 및 건축 자재 유통 회사

레모네이드

전에 살던 집에서 둘째 딸이 사는 집으로 가는 길은 콘크리트로 된 인도를 따라 간다.

어느 집 앞을 지날 때 가끔 그 집에 사는 여러 어린아이들이 색이 있는 분필로 인도 콘크리트 바닥에 여러 모양의 그림을 그리며 놀고 있는 모습을 보니 너무나 정겨운 마음이 든다. 가던 길을 멈추고 아이들의 모습을 보니 나의 어린 시절에 집 앞 흙 마당에서 친구들과 땅따먹기를 했던 기억이 떠오른다.

또 어느 초여름에는 그 집 앞을 지날 때 초등학교 1~2학년쯤 되어 보이는 어린아이가 땀을 흘리며 할머니와 함께 집에서 만든 레모네이드를 인도에서 팔고 있었다. 나도 가끔 사서 먹는데 레모네이드 가격으로 1불짜리 지폐를 주면 아이는 나에게 50센트를 거슬러 주었다. "잔돈은 너꺼야"라고 하면 아이는 나에게 땡큐라고 인사를 한다.

이날 레모네이드 파는 비즈니스는 어린 아이가 보스이고 옆에서 도와주는 할머니는 오로지 헬퍼만 해 주는 것이다.

삶의 문화

장기간 미국에 살면서 우리나라와 너무나 다른 생활 방식에 대하여 내가 직접 본 것을 몇 글자 적어 본다.

내가 타운하우스에서 살고 있을 때 바로 옆집에는 경찰관 신혼부부가 살고 있었다. 어느 날 경찰관 부인을 보니, 임신을 해 배가 많이 나와 있었다. 그리고 몇 개월이 지난 후 어느 날 밤중에 아기 울음소리가 들렸다. 나와 우리 아내는 놀라 옆집 경찰관 부인이 아기를 낳은 것 같다며 다음 날 아내가 아기 기저귀를 사다가 옆집 문 앞에 놓았다.

다음 날 우리는 남편 경찰관을 보고 축하한다는 말을 하고 그에게 아들인지 딸인지 물으니 환히 웃으며 딸이라고 했다. 그리고 내가 집에 있는데 집 안에서 고기 굽는 냄새가 매우 심하게 나기에 집 뒷마당으로 나가 보니 옆집 경찰관과 부인이 뒷마당에서 바비큐를 하고 있는데 경찰관 남편 옆에 서 있는 부인이 쌀쌀한 날씨에 아주 얇은 티셔츠를 입고 서 있기에 나는 너무 놀랐다.

경찰관 부인은 딸아이를 낳은 지 며칠밖에 되지 않는데 그것도 윗옷으로 아주 얇은 티셔츠만 걸치고 웃으며 나에게 아기 기저귀를 주어서 너무 고맙다고 하기에 나는 너무 놀라 경찰관 부인에게 왜 추운 날씨에 밖에 나와 있느냐고 물으니(그 당시 날씨는 매우 쌀쌀하였음) 너무 더워 나왔다고 했다. 남편은 계속 연기를 피우며 고기를 굽고 있었다. 내 생각으로는 우리나라에선 상상도 할 수 없는 상황으로 생각되었다.

미국에서 아기를 출산한 경우 내가 알기로 병원에서 하루 입원하여 아이를 낳은 후 퇴원하여 집으로 오는 것으로 알고 있다. 둘째 손자를 병원에서 낳을 때 가 보니 병원에서 기다리는 동안 아내와 내가 앉아 있는 나무 의자 옆에 아주 젊은 부부가 아이를 안고 있는데 아기의 모습이 출산한 지 얼마 되지 않은 것으로 보였다. 그 젊은 부부는 병원 복도에 있는 나무 의자에 앉아 갓 태어난 새빨간 아이를 젊은 부부 둘이서 이불에 감싸안고 있었는데, 너무나 서툴게 두르고 있었다.

그리고 우리 타운 홈 단지 내 젊은 여성이 살고 있었는데 나는 이른 아침에 밖으로 나와 산책을 하다가 우연히 그 집 앞을 지나는데 그 젊은 여성이 혼자서(아기가 태어난 지 얼마 되지 않은 듯 보임) 새빨간 모습의 아기를 바구니 카시트(infant car seat)에 눕히고 차 뒷좌석에 부착시킨 다음 아마 회사로 출근하는 것으로 보였다(아기 의자에 우유병도 함께 있음). 퇴근 시간쯤에도 보았다.

잘은 모르겠으나 미국은 별도의 출산 휴가가 없는 것 같고 최근에서야 이 제도를 도입하려는 것으로 생각되었다. 나는 젊었을 때 영화를 무척 좋아하였는데 내가 본 영화 중 서부 개척 시대에 여성이 방금 출산한 아이를, 추장쯤 보이는 남성 인디언이 하늘로 아이를 높이 들고 신에게 감사하는 모습이 문뜩 떠올랐다. 미국의 땅기운이 우리나라와 매우 다르다고 느꼈다.

어느 이웃

피자 가게를 그만두고 집에 있을 때, 옆집의 타운하우스가 팔렸다. 살고 있는 타운하우스는 여섯 채가 붙어 있는 형태로 3층으로 된 타운하우스였다. 새로 옆집에 어떤 분이 나의 이웃으로 이사를 들어오나 매우 관심 있게 보았다.

타운하우스를 구입을 한 사람이 다시 세(렌트)를 놓았다. 세(렌트)로 계약하여 들어오는 사람들은 학생쯤으로 보이는 젊은 남녀로 다시 방 하나를 세(서브리스)를 놓는 듯했다.

내가 사는 타운하우스 단지는 세(렌트)가 거의 없고 대부분 집주인들이 오랫동안 살고 있고 매우 조용한 타운하우스 단지였다. 타운하우스가 3층이기에 3층 내 방에서 유리창을 통해 밖을 보면 옆집 현관과 옆집 주차장이 매우 잘 보였다.

옆집 방 하나에 세(서브리스)로 들어오는 듯한 사람들의 이삿짐을 보니 세 명의 남성 젊은이들이 아주 오래된 낡은 트럭에서 책상 하나만 가지고 집으로 들어가는 것이었다. 나는 조금 이상하다는 생각이 들었다.

시기는 코로나19 전염병이 처음으로 시작하던 해였다. 방 하나에 세(서브리스)로 들어온 사람들과 나의 방은 벽 하나를 사이에 두고 붙어 있었다. 그들은 이사 오고 나서부터 이상한 음악 소리를 매우 크게 틀어 놓았다. 시도 때도 없이 이상한 음악 소리가 내 방 벽을 울리고 있었다.

그리고 옆집 주차장에는 처음 보는 차가 수시로 두 시간 정도 주차하고 있다가 나갔다. 처음 보는 차가 그 집 주차장에 있을 때마다 내 방 3층에서는 이상한 음악 소리가 들렸다. 나는 그 음악 소리에 머리가 돌 지경이었다. 어떤 때는 늦은 시간에도 이상한 음악을 크게 틀었다.

또 늦은 밤 시간에 이상한 음악을 또 틀기에 나는 도저히 참을 수가 없어 경찰에 신고했다. 경찰차가 옆집으로 도착하니 음악도 끄고 3층 방 불도 꺼졌다. 경찰은 옆집 문을 한참 두드리다 사람이 안 나오니까 그냥 돌아갔다.

경찰이 돌아간 후 옆집에서는 다시 음악을 크게 틀었다. 방도 불을 켜고. 나는 또다시 경찰에게 신고했다. 경찰이 다시 와 옆집 문을 두드렸다. 그래도 나오지 않았다(또 3층 방의 불을 끄고 음악도 끔). 이번에도 경찰은 옆집 문을 두드리다가 돌아갔다.

그리고 다음 날 처음 이사 올 때와 같은 낡은 트럭을 갖고 와 책상 하나만 갖고 이사 갔다. 내가 뒷마당에 나와 있을 때 옆집 세 든 젊은 사람이 담배를 피울 때는 아주 이상한 냄새가 진동했다. 그들이 이사를 간 후 이상한 음악 소리도 내 방에 들리지 않고, 옆집 주차장에 모르는 차들도 없으며, 뒷마당에서는 이상한 담배 냄새도 안 났다. 내 생각으로는 방 하나 세(서브리스)를 임대한 젊은이들이 마약 종류를 팔지 않았을까 생각이 되었다.

GM, 올즈모빌, 실루엣 벤

한국에서 이민 수속을 준비하는 데 진척이 없어 내 이민 수속을 진행하는 회사와 상의한 끝에 미국으로 들어가 이민 수속을 시작하기로 했다. 이 결정을 하기 전에 『미국 비자 영주권 이렇게 하면 받을 수 있다』란 책을 열 번은 더 읽은 것 같다.

그 책 내용 중 미국으로 여행을 와 관광을 한 후, 이곳 미국에서 살고 싶다는 생각이 들어 이민을 신청하는 경우가 있었다. 그 경우는 미국에서 가족과 함께 여행지를 돌아보고 또 그 증거로 사진을 제출해야 되기에 차량이 매우 필요하였다.

나는 손재주도 없고, 무엇이든지 잘 고치지도 못하고, 망가트리는 재주가 많았다. 그렇기에 새 차로 구입하기로 하였다(오랜 세월을 미국에서 생활하다 보니 지금은 무엇이든지 잘 고치는 편임).

나와 우리 가족 신분이 여행자 신분이기에 은행 계좌 및 크레디트 신용이 없어 새 차 구입이 매우 어려웠다. 미국에서 우리 가족 이민을 담당하시는 분에게 부탁하여 어느 딜러를 소개받아 금액을 현금으로 많이 내고 남은 일정 금액은 은행 융자로 해결했다.

그 당시에는 벤이 유행하는 시기였다. 일제 벤이 마음에 들어 자동차 딜러에게 물으니 일제 벤은 안 되고 미국산 벤만 된다고 했다. 하는 수 없이 차 딜러에서 추천하는 미국산 벤을 구입하기로 했다(GM, 계열 회사 올즈모빌에서 만든 실루엣이라는 이름의 벤이었음). 차량의 색상은 녹색이고 가죽 시트 역시 녹색이었다. 뒷문은 자동으로 열리고 닫힌다. 차가 투박해 보이지만 나에게는 다른 선택이 없었다. 그 차의 광고지를 보니 J.D. 파워 상을 받은 사진도 있어 그 상을 보고 조금 더 신뢰를 했다.

몇 시간 만에 딜러에서 차량을 인계받고 집으로 운전하며 돌아올 때 잠시 자동차 전체의 파워가 나갔다. 그리고 다시 파워가 들어왔다. 그 후부터 차의 고장이 시작되었다. 시도 때도 없이 큰 고장과 잔고장이 났다. 차가 고장이 나 자동차를 산 딜러로 가면 하루가 소요되었다. 집에서 차를 산 딜러까지 가는 시간은 차로 40~50분 걸렸다. 그 당시 나의 신분은 여행자였기에 시간이 많이 있어 다행이었다.

한번은 고속도로(highway)를 60마일 이상의 속도로 달릴 때 뒷좌석 문이 자동으로 쫙 열렸다. 차를 고칠 때마다 페이퍼 종이를 주는데(어떤 부분을 고쳤다고 알려 주는 종이) 그 종이의 양이 두터운 노트 한 권이 된다. 나는 차가 너무 고장이 많이 나 그 당시는 정말 미칠 지경이었다.

차의 마지막 고장은 엔진이 부서지는 것이었다. 내가 그 당시에 거주하고 있었던 곳이 메릴랜드주였는데 그곳 40번 도로를 한밤중에 달리다가(시속 50마일 정도) 갑자기 꽝 하고 매우 크게 소리가 나고 차가 굉장히 흔들리며 멈췄다. 나는 너무 놀라 정신을 잃을 뻔하였다. 정신을 차리고, 비상등을 켜고 뒤에서 다른 차가 부딪친 줄 알고 내 차 뒤를 보니 부딪친 것은 아니었다.

나는 어쩔 줄 모르고 당황하고 있는데 승용차 한 대가 내 차 뒤로 와 멈추더니 흑인 청년이 내려서 나에게 도움이 필요하냐고 물었다. 나는 도와 달라 하여 그와 둘이서 차를 밀어 갓길에 세워 놓았다.

그 청년은 자기 차로 30분 정도 거리에 있는 나의 집까지 데려다주었다. 지금도 잊지 못할 너무 고마운 흑인 청년이었다. 나는 흑인 청년의 이름을 물어보았는데 그는 웃으며 괜찮다고 했다. 그리고 내 차는 엔진이 부서져 차 엔진을 통째로 바꾸었다. 엔진을 교체한 다음 바로 다른 딜러가 내 차를 팔았다.

시간이 지나 어느 날 뉴스를 보는데 GM 자동차 회사에서 무슨 이유인지는 모르겠지만 올즈모빌 회사를 없애 버렸다. 나는 그 뉴스를 보고 시원한 맥주를 들이키며 이런 생각을 했다. '아마 내가 살아 있는 동안 그 차에 대한 기억은 영원히 남아 있을 것이다.' 그러나 모든 책임은 나의 잘못된 선택으로 시작되었다고 생각한다.

현대차

토요일 오전 시간에 일주일 먹을 식료품을 사러 장을 보려고 내 차가 주차된 근처에서 전동키로 차 문을 열려고 하니 차 헤드라이트에 불이 안 들어 왔다. 이상하여 가까이 가서 차를 보니 조수석 뒷 창문이 깨어져 뻥 뚫려 있고 차 문이 모두 열려 있었다.

그리고 핸들 밑부분 부품들이 엉망으로 망가져 있었다. 너무 놀라 자세이 보니 뒷좌석 시트에 창문 부서진 유리가 잔뜩 있었고 차 내부 또한 엉망으로 되어있었다.

내 주차가 지정된 곳에는 20여대 이상의 차들이 일렬로 주차가 되어 있었는데 다른 브랜드에 차들은 멀쩡하고 그중에 내 차인 현대 차만 이 모양이 되었다. 누가 금요일 늦은 밤에서 토요일 새벽 시간대에 차를 훔칠 목적으로 한 것 같다. 그 시기에 유행한 범죄로, 차에 안전장치가 부착되어 있지 않은 현대, 기아 차를 대상으로 차량 절도가 매우 기승을 부렸다.

내 차는 문제의 기간에 만들어진 현대 차였다.

토요일 낮 시간이라 이웃 사시는 나이 드신 분들이 나와 내 차를 보고 놀란 표정으로 웅성거렸다.

콘도를 관리하시는 분도 와 차의 상황을 보고 경찰에 신고해 주겠다고 했다. 내가 현재 살고 있는 시니어콘도 지역은 안전한 지역에 속하고 밤에는 콘도 주변으로 수많은 가로등이 켜 있는 곳이다.

그리고 내 차가 주차된 곳 가까운 일 층에 사시는 분이 와 이곳에서 오랫동안 살면서 이런 광경을 처음 본다고 하였다. 이 상황의 모든 문제, 토잉카, 렌트카, 차 수리, 추가 비용 문제 등을 처리할 생각을 하니 머리가 지끈거리기 시작했다.

늙은 우리보다 이곳 생활에 더 익숙한 자식에게 부탁해야만 될 것 같다. 이런 일로 자식에게까지 신경 쓰이게 하는 것이 매우 기분이 안 좋았다. 미국에서 판매하는 모든 자동차에는 도난 안전장치가 부착되어 있는데 어느 기간에 만들어 판매한 현대, 기아 차에는 왜 설치되어 있지 않은지 그리고 소송인의 나라인 미국 시장을 큰 대기업이 정말 모르는 것인지 씁쓸한 생각도 들었다. 한 달의 시간이 걸려 차를 다 고치고 이러한 상황을 인터넷으로 찾아보니 한 번 이런 일이 일어난 후에도 또 다시 이런 일이 일어난 분들의 글이 있어 정말 귀찮은 일이지만 노파심에 하는 수 없이 매일 저녁 주차 시마다 핸들 막대형 차량 도난방지 장치를 구입하여 설치해 놓았다. 아마 나의 현대 차를 팔기 전까지는 저녁에 주차할 때마다 이 장치를 계속 설치해야 될 것 같다.

변호사

　미국 이민 생활에서는 한인 업소 전화번호부가 매우 중요한 역할을 한다. 한인 업소 전화번호부는 부동산, 변호사, 병원 등이 많은 페이지에 광고를 내고 있다.

　이민 초기에 많은 비가 오는 날 큰 도로에서, 초록불 신호등을 보고 직진을 하고 있었는데 반대편 도로에서 승용차가 내 차를 보지 못했는지 좌회전을 해 사고가 났다. 내가 운전하는 차에는 우리 가족 모두가 타고 있었고 상대방 차에도 여러 명이 타고 있었다. 상대방 차에 탄 사람 중 다친 사람도 있고 내 차도 부서져 있었다. 우리 가족 모두 구급차로 병원에 실려 갔다.

　얼마 지난 후 미국 법원에도 갔다. 한국에서 TV로만 보던 것을 직접 눈으로 보니 매우 신기하기도 하였다. 사고 당시 현장에 첫 번째로 온 여성 경찰관도 나와 당시 상황을 판사에게 말을 하고 또 판사는 나에게 통역을 통해 당시 상황을 물어봤다. 그리고 사고를 낸 운전자인 젊은 학생쯤으로 보이는 여성도 나와 있었고 젊은 학생의 부모도 나와 있었다. 사고를 낸 운전자의 변호사로 보이는 사람이 판사에게 설명했다.

 재판 상황을 대략 짐작해 보니, 판사가 모두의 상황을 들어본 후 사고를 낸 젊은 여성 운전자에게 당시 비가 많이 오던 상황이라 벌점과 벌금을 많이 감해 주는 형량을 내리는 것같이 보였다.

 우리 가족도 변호사를 선임하였는데 아내와 아이들은 변호사가 따로 있고 나는 별도로 다른 변호사를 선임하여야 된다고 했다. 미국에서는 그렇게 해야 된다고 하기에 변호사가 시키는 대로 했다.

 그 사고로 나는 왼쪽 다리와 목에 문제가 생기고 아내는 목과 허리에 문제가 생겨 치료를 3개월 정도 받은 것 같다. 아내는 변호사를 통하여 손해 배상을 받고 나는 손해 배상을 받지 못했다. 그 당시 나와 아내의 교통사고 건의 변호사 사무실은 우리 가족 영주권 수속을 하는 변호사 사무실에서 맡았다. 나의 사고를 담당하는 변호사도 같은 사무실에서 근무하는 아시안 민족으로 보이는 여성이었다. 아내가 손해 배상을 받고 난 후 나의 교통사고를 담당하는 변호사에게 몇 번을 전화를 해도 기다리라고만 하여 한번은 변호사 사무실로 직접 찾아갔다.

 우리 가족 이민을 담당하는 변호사 사무실 대표에게 내 사건의 상황을 물으니 대표 변호사가 내 담당 변호사를 불러 둘이서(대표 변호사와 내 담당 변호사) 서로 이야기를 하더니 대표 변호사가 나에게 하는 말이 나의 손해 배상이 나왔는데 찾는 기간이 지나 돈을 수령하지 못했다고 했다. 나는 그 말을 듣고 너무 황당하고 어이가 없어 잠시 멍하니 있었다. 대표 변호사도 나에게 아무 말 하지 않고 두 변호사가 서로 쳐다만 보았다.

이곳 변호사 사무실을 통해 우리 가족 모두 영주권 신청이 진행 중이라 나의 생각을 매우 복잡하게 만들었다. 그리고 두 변호사에게 항의도 제대로 못 하였다. 그 당시 기억을 생각하면 씁쓸한 웃음만 나온다.

스페셜 닥터

   2022년 고국 방문 시 한쪽 눈이 잘 안 보여 딸 집 근처 안과에서 진료를 받아 보았다. 의사 분이 종합병원으로 가 검사와 진료를 받아 보라며 소견서를 써 주었다. 종합병원에서 검사를 받고 스페셜 닥터를 만나 나의 눈 증상을 알게 되었다. 눈을 진료하는 오피스는 어둡고 의사 분은 많은 환자를 진료해서인지 매우 피곤한 표정이었다.

   의사 분은 젊은 분이고 진료시간은 약 3분에서 5분 정도였으며 현재 나의 눈의 증상에 대하여 알려 주었다.

   그리고 의사 분은 나에게 한 달에 한 번씩 검사를 하며 눈의 진행 상황을 지켜보자고 하였다. 나는 의사 분께 미국에서 왔다고 말하고 곧 출국하여 언제 다시 올지 모른다고 했다. 그는 미국에서 자기와 같은 스페셜 닥터를 만나 진료를 보려면 최소 6개월 걸린다고 했다. 맞는 말이다. 미국에서 스페셜 닥터와 진료를 본다는 것은 매우 힘든 일이다.

   나는 이민 초기에 의료보험도 없고 모든 상황이 힘든 시기에 몸이 너무 아파 지역에 있는 의사에게 진료를 받으니 전문병원으로 가 진료와 검사를 꼭 받아 보라고 하였다.

그 당시 내가 사는 지역에서 차로 1시간 거리에 전문병원과 스페셜 닥터가 있어 예약하였고 진료와 검사 비용은 1,500불이었다. 그곳 병원에서 진료와 검사를 하자 운전 할수 없다고 보호자와 꼭 함께 방문해야 된다고 했다. 나는 또 몸 상태를 자세히 영어로 설명할 수 없어 대학생인 딸과 동행했다. 시간이 되어 진료실에 딸과 함께 들어갔다.

잠시 후 의사 분이 들어오시는데 나이가 지긋하시고 흰머리가 많으신 동양 남자 분이었다. 의사 분 인상이 한국 분인 듯한 느낌이 바로 들었다. 의사 분은 나를 보시더니 웃으시면서 한국어로 한국 사람이냐고 말씀하시기에 그 말을 듣는 순간 너무나 기쁘고 반가웠다.

통역이 필요 없어 딸은 의사 분께 인사를 드리고 대기실로 갔다. 나는 현재 몸 증상에 대하여 한국말로 자세히 설명을 드렸다. 의사 분은 미소를 지으며 한 손에 작은 녹음기를 들고 나를 진료하시면서 수시로 영어도 녹음하셨다.

대략 20~30분 정도 진료를 마치고 의사 분은 나에게 한국 어디에서 살았냐, 미국으로 이민 온 지는 얼마나 됐느냐, 의료보험은 있느냐 등을 물어보셨다. 그리고 의사 분은 웃으시면서 800불만 수납

하라고 말씀하셨다. 그 말을 듣는 순간 너무나 고맙고 또 너무나 감사하며 몇 번이나 인사를 드렸다. 병원에서 마취가 덜 깨어 정신이 몽롱하고 몸도 잘 가누지 못해 진료하셨던 의사 선생님께 인사도 못 드리고 딸이 운전하여 집으로 왔다. 오랜 세월이 지난 지금도 그 당시 환한 미소로 친절하게 나를 진료해 주셨던 한국 분 스페셜 닥터가 자주 떠오른다.

의료보험

나는 미국에서 65세 이상 시니어들이 같고 있는 의료보험 메디케어(미국 공공의료보장제도)를 갖고 있으며 매월 의료보험료도 130불 정도 내고 있다.

매년 미국 주류 의료보험 회사들이 내놓는 각종 플랜들이 너무 많고 또 복잡하여 보통의 시니어들은 현실적으로 비교의 어려움이 있어 의료보험 전문 에이전트를 통해 본인에게 적합한 상품을 골라 가입한다. 그러던 중 내가 현재 이용하는 거대 의료보험 회사에서 2024년 새로운 플랜이 나와 가입하게 되었다.

이 플랜에 가입한 시니어들은 1년에 600불의 크레딧을 의료보험 회사에서 준다. 보험 회사에서 준 600불에 사용되는 품목은 회사가 결정하여 주는데 건강에 관련된 것이다. 애플 손목시계, 등산용품, 낚시용품, 헬스용품, 골프용품, 헬스클럽 회원권, 신발(조깅화, 등산화) 등이 있다.

아마 시니어들의 보다 나은 정신적, 육체적 건강을 위해 만든 것 같다는 생각도 든다. 나도 이 플랜을 통하여 실내 자전거(450불)를 구입하여 집 안에 놓고 아내와 항시 운동을 한다. 지금 살고 있는 시니어콘도에도 조그마한 헬스장이 있는데 이곳에 살면서 딱 2번 가 보았다. 단지 내 헬스장까지 가는 거리가 별로 멀지 않은데도 가기가 점점 귀찮아져 안 가게 되었다. 집안에 실내 자전거가 있으니 수시로 운동을 하게 되어 매우 좋다.

한편으로 회사 이익이 우선인 거대 의료보험 회사가 왜 이런 플랜을 만들었는지를 많은 생각을 하게 되었다.

지금 고국에도 인구 고령화로 시니어들의 문제가 많은 이슈화된 것을 알고 있다. 고국에 정책을 결정하는 분들은 서로의 편을 가르기 보다는 어떠한 것이 국가의 재정을 위하고 또 시니어들의 정신적, 육체적 건강을 생각하는지를 다양한 물음을 통하여 결정하였으면 하는 바람이다.

이제 나는 이 플랜을 통하여 600불 중 쓰고 남은 금액 150불로 조깅화를 구입하여 보다 나은 나의 건강을 유지하려 한다.

어느 동성 부부

도로 끝부분에 있는 주택가에 아스팔트로 된 주차장이 원형으로 되어 있고 집들이 원형 주차장을 중심으로 대체로 5~6채 정도가 모여 있는 곳은 자녀가 안전하게 놀 수 있기에 많은 주택 구입자들이 매우 선호했다.

나는 처음으로 미국 서부 캘리포니아에 도착하여 아내의 친구분 댁에 신세를 지고 있을 때 아내 친구분 주택 앞 주차장은 원형으로 되어 있고 그 원형 주차장 주위로 다섯 채 정도의 집들이 있었다.

도로에서 첫 번째 이층집에는 남성 동성 부부 두 사람이 살았다. 미 동부 쪽에 있는 집들의 외벽 구조는 벽돌 사이딩인 반면 서부 쪽은 외벽이 콘크리트로 뿌려진 듯한 느낌의 형태의 집들이었다.

나는 원형 주차장 안에 있는 첫 번째 집에 남성 동성 부부가 살고 있다기에 그 당시 매우 호기심이 생겨 자주 그 집을 쳐다보게 되었다. 그 동성 부부의 집은 흰색 이층집이었고 나이가 지긋하신 남성분과 젊은 남성분이 살고 있었다. 그 집은 주차장 안 첫 번째 집이기에 차고로 들어가는 드라이브 웨이가 다른 집보다 매우 길었다.

 동성 부부 중 젊은 분은 매일 무엇이 그렇게 신이 났는지 자기 집 앞 드라이브 웨이에서 신나는 음악을 틀고, 맨발로 다니며, 집 외벽에 붙어 있는 수도에 긴 호스를 부착해, 집 외벽과 창문들을 깨끗하게 물청소하고, 차고 앞 긴 드라이브 웨이도 너무나 깨끗하게 물청소했다. 그리고 또 차고(garage)에서 차를 꺼내 물청소를 하고 오랜 시간에 걸쳐 차 전체에 광택도 냈다. 그는 항상 웃는 얼굴이었다. 습도가 낮은 캘리포니아의 날씨와 구름 한 점 없는 코발트색 하늘과 신나는 음악 소리에 맞추어 맨발로 다니면서 즐겁게 청소하는 젊은 이의 모습이 매우 매우 인상적이었다.

껄끄러운 관계

이민 초기에 어느 이민 선배분이 들려준 농담인데 재미있고 또한 많이 수긍되어 적어 본다. 누구나 알고 있듯이 이곳 미국은 다양한 인종, 그리고 다양성이 존재하는 뜨거운 용광로로 비교되는 사회이다.

큰 틀에서 볼 때 백인, 흑인, 히스패닉, 아시안 등이 있고 이러한 인종들 간에는 껄끄러운 관계가 있어 보인다. 오래된 인종 갈등은 흑과 백으로 보이고 흑인과 히스패닉 관계는 잘은 모르겠으나, 이민 초기에 일을 다닐 때 도심 다운타운 슬럼화된 지역을 차로 지날 때마다 보고 느낀 것은, 아프리카 아메리칸들만 사는 중심 속에 특이하게도 히스패닉들이 모여 사는 곳이 있다는 것이었다.

그리고 히스패닉들이 껄끄러워 하는 상대는 아마도 아시안 중 동양인으로 생각된다. 나 역시 히스패닉들과 같이 일을 할 때 그들의 기후나 문화를 전혀 생각하지 않고 빨리, 빨리, 그리고 일이란 단어를 그들 나라의 언어로 수없이 반복하여 말했던 기억이 난다. 지금도 일주일에 한 번은 동양그로서리에서 장을 보는데, 많은 히스패닉들이 일을 하며 계산원은 대부분 그들이 하고 있다. 장을 보고 계산

할 때 내가 그들 나라의 언어로, "안녕" 그리고 "잘 있었니"라고 인사하면 그들도 웃는 얼굴로 인사를 했다. 항상 하는 말이 두 종류인데, "괜찮아. 좋아"라는 말과 일은 엄청 많이 하고 돈은 조금 받는다라는 농담을 하며 웃는다.

이민 초기에 비즈니스를 구입하려고 여러 곳을 다닐 적에 도심 슬럼화 된 지역에서 아시안 이민자들이 그로서리(잡화상) 장사를 하며 가게 안 카운터 앞에 방탄유리를 설치한 곳도 보았다. 개인적인 생각으로 이곳에 살면서 아시안의 껄끄러운 상대는 아마 백인일 것이라고 생각한다. 나 역시 스몰 비즈니스를 하며 경험을 많이 하였다.

이곳으로 이민 와 언제부터인지 모르겠으나 그로서리 마켓에서 장을 볼 때 계산원에게 먼저 인사하는 습관을 가지게 되었다. 그들도 잠시 환한 웃음으로 인사한다.

직업

　피자 가게를 중학교, 고등학교 근처에서 운영하다 보니 학교 선생님들이 피자 가게로 와 피자 또는 핫 샌드위치를 점심으로 먹거나 학교가 끝나고 식사하러 많이 왔다.

　나는 학교 선생님들의 식사하는 모습을 보고 조금 충격을 받았다. 작은 피자 한 판을 시켜 놓고 한 손으로 피자를 먹으면서 다른 한 손으로는 연신 학생들의 시험지를 채점하거나 학생들에게 가르칠 수업을 준비하시는 것으로 보였다. 방학 기간에도 피자집으로 와 오랜 시간 동안 식사를 하면서 책을 보거나 열심히 무엇인가를 했다.

　우리 피자 가게에 자주 오시는 선생님들의 얼굴이 어느 정도 익숙해져 있을 때 동네 슈퍼마켓에 구입할 물건이 있어 슈퍼에서 물건을 구입해 계산을 하려고 하니 캐셔의 얼굴이 매우 낯이 익었다. 피자 가게 앞에 있는 학교에서 선생님으로 일하시는 분이었다. 이분은 이곳 슈퍼마켓에서 방학 기간 동안 캐셔 보조원으로 일하고 있었다.

미국은 여름 방학 기간 동안 선생님들에게 급여를 지불하지 않는 것으로 알고 있다. 경우에 따라서 자기가 원하면 연봉을 12개월로 나누어 지급하는 형태도 있는 것으로 알고 있다. 학교 선생님들이 출퇴근할 때의 모습을 보면 짐이 많이 든 큰 가방을 한쪽 어깨에 메고 또 한 손으로는 노인들이 끌고 마켓에 가 장을 보는 카트 같은 것을 끌고 간다. 내가 살고 있는 카운티는 선생님들의 연봉이 높지 않은 편에 속하여 이직률이 높다.

미국에서는 학교 선생님들의 감사 주간을 매년 5월 첫 번째 주일로 한다. 그 시기에는 학부모와 학생들이 자기를 가르치는 선생님에게 감사의 마음을 전하는데, 학부모들은 보통 그로서리 마켓 타겟 기프트 카드 10불 또는 20불짜리를 감사의 손 편지와 함께 자기 자녀를 가르쳐 주는 선생님에게 보내고, 또 어떤 학부모는 스타벅스 기프트 카드나 자그마한 초콜릿 한 박스를 보낸다. 가격은 10불 내외이다. 또 학생들은 자기 생각에 선생님이 좋아할 만한 작은 선물과 직접 쓴 손 편지를 함께 자기를 가르쳐 주는 선생님께 선물한다.

어느 한 여학생은 아주 예쁜 머리핀 한 개를 직접 쓴 손 편지와 함께 선생님에게 선물했다. 선생님은 학부모들이 주신 타겟 기프트 카드를 모아 자기 반 학생들에게 가르칠 때 필요한 물건과 학교 교실에 치장할 물건을 구입한다. 그리고 선생님은 선물을 보낸 학부모와 학생들 모두에게 손으로 직접 쓴 감사 카드를 보낸다. 그리고 주민 소득이 적은 지역의 학교는 개인 사정으로 선생님께 드릴 선물을 준비하지 못한 학생들을 위하여 학교 실내 입구 내에 카네이션을 듬뿍 준비 해 놓는다.

딸도 잠시 동안 학교 선생님으로 근무하였기에 그들의 문화를 옆에서 볼 수 있었다. 내가 한국에 잠시 있을 때 어린 시절 다니던 국민학교 앞을 지날 일이 있어 다니던 국민학교에 잠시 들러 국민학교 시절을 생각하고 있었다. 그때 학교 정문을 지키시던 나이가 지긋하신 분이 어쩐 일로 왔냐고 묻기에 어린 시절 내가 다닌 국민학교라고 말씀드리니 그분이 나에게 교무실로 가 잠시 선생님들에게 인사드리라고 하여 그분과 교무실로 갔다.

교무실로 가 여성 교장 선생님과 다른 선생님들과도 인사를 하였다. 교장 선생님과 잠시 이런저런 이야기를 나눈 뒤 나는 오랜 세월이 지나 내가 다니던 초등학교에 왔으니 선생님들에게 작은 무엇인가를 드리고 싶어 가지고 있던 현금을 교장 선생님께 드리며 선생님들과 식사하시라고 하였다.

내 말을 들은 교장 선생님은 다른 선생님을 부르시는데 20대 초반으로 보이는 아주 어린 여성 선생님이었다. 교장 선생님은 내가 말씀드린 내용과 돈을 젊은 여성 선생님께 보여 주며 우리가 이 돈을 받아도 되는지를 물어봤다. 젊은 선생님은 매우 공손한 표정으로 교장 선생님에게 받아선 안 된다고 하며 나에게 공손히 돈을 돌려주었다. 그 젊은 선생님의 말을 들은 나는 내가 큰 실수한 것 같아 매우 죄송하다고 말하고 교장 선생님, 젊은 선생님, 다른 선생님들에게 인사를 하고 나왔다.

국민학교 다니던 시절 지금 와서 들러 본 교무실에서 내 담임 선생님께 많은 꾸지람을 들은 기억이 난다. 그 당시 우리 집안 형편은 너무 가난하였는데 국민학교에서 부반장이라는 직책을 가졌다. 어느 날 담임 선생님은 반장과 부반장인 나를 부르더니 학교 교무실에 놓을 화분 하나씩 갖고 오라 하였다.

어머니에게 담임 선생님이 교무실에 놓을 화분을 갖고 오란다고 하니 화분을 마련해 주셨는데, 빨간색 백일홍 종류의 꽃 한 송이가 있는 아주 조그마한 화분이었다. 그 화분을 담임 선생님이 계시는 교무실로 가 담임 선생님 책상 위에 놓았는데 담임 선생님은 나에게 다른 학생 학부모들이 갖고 온 화분을 보라고 하며 나를 많이 나무라셨다. 다른 학생들이 가져온 화분을 보니 그 당시 정말 화분도 크고 또 꽃들도 크며 파란 가지의 잎사귀들도 보였다. 담임 선생님에게 많은 꾸지람을 들은 나는 선생님들이 계시는 교무실에는 가기도 싫고 학교도 가기 싫어했다. 그러나 지금 생각하면 할수록 그 당시의 국민학교 생활이 아름다운 추억으로만 생각된다.

노인의 취미 생활

지금은 시니어 콘도에서 살고 있다. 많은 장점 중 하나가 우리가 살고 있는 콘도 근처의 여러 군데의 슈퍼마켓에서 화요일 또는 수요일에 그 주 금요일부터 세일을 하는 슈퍼마켓 광고지와 세일 품목 쿠판이 매일 박스에 꼭 담겨 있다는 것이다. 한국 및 중국 마켓의 광고는 금요일 지역 한국 신문에 났다. 나는 광고지에 붙어 있는 쿠판을 모으고 내가 필요한 세일 품목을 적어 필요한 물품 중심으로 일주일에 한두 번 슈퍼마켓에서 장을 봤다.

지금 살고 있는 지역은 버지니아 페어팩스 카운티이며, 이곳은 인구 밀도가 높은 편에 속하고 여러 민족들이 많이 살고 있는 곳이기에 미국의 여러 형태의 슈퍼마켓이 들어와 있다. 우리가 살고 있는 곳에서 차로 20분 내지 30분 안쪽 거리에 있는 그로서리 마켓의 종류에는 세이프웨이, 자이언트, 웨그먼스, 월마트, 타겟, 트레이더 조, 알디, 리들, 홀 푸드, 아마존 프레시, 맘스마켓 H마트, 롯데마트, GW, 99랜치마켓이 있다.

GW, 99랜치마켓은 중국 그로서리 마켓이다. 이 지역은 그로서리 마켓 비즈니스가 치열하여 큰 슈퍼 두 곳은 문을 닫았다. 한 곳은 샤퍼스라는 이름을 가진 슈퍼마켓이고 또 한 곳은 오가닉 마켓이었다. 대부분 미국 마켓이 문을 닫은 곳에 동양 및 중국 마켓이 들어와 새로 영업하는 형태였다. 그러나 예외인 한 곳으로, 내가 살고 있는 콘도에서 차로 10분 거리에 있던 동양 마켓이 장사가 안 되어 문 닫은 곳에 알디(다국적 기업)가 들어와 장사를 하고 있고 성업하고 있어서 매우 관심 있게 보고 있다.

비행기

 항공 스케줄은 미국 시카고 공항에서 환승하여 볼티모어로 가는 일정이었다. 시카고 공항에 도착하니 이른 아침이었다. 우리 가족은 비행기 티켓에 적힌 게이트로 가서 기다리고 있었는데 게이트가 열려 비행기 탑승을 준비하며 기다렸다.

 비행기 타기 전 첫 번째로 검수원이 비행기 티켓 검사를 끝내고 비행기로 들어갔다. 두 번째로 비행기 안에서 안내하는 분이 우리 가족 비행기 티켓을 검사하고 좌석까지 안내했다. 나와 우리 가족은 비행기 티켓에 적힌 좌석에 앉아 있었다.

 비행기가 출발하기 전 중년의 백인 남성이 우리에게 다가와 자기 좌석이라고 하며 비행기 티켓을 보여 주었다. 나 역시 우리 티켓에 적힌 좌석 번호를 보여 주며 우리 자리라고 말했다. 그 중년 백인 남성은 알겠다고 웃으며 안내원에게로 가 좌석에 대한 이야기를 하는 것 같았다.

 비행기 안내원이 와 우리 티켓과 중년 백인의 티켓을 보고 깜짝 놀라 우리 가족에게 이 비행기는 볼티모어로 가는 비행기가 아니라 보스턴으로 가는 비행기라고 말하고 게이트가 바뀌었다고 말했다.

우리는 타고 있던 비행기에서 허겁지겁 나와 게이트가 바뀐 볼티모어로 가는 비행기 게이트로 달려가, 가까스로 비행기를 탔다. 나는 비행기가 이륙하고 난 후 안도의 한숨을 쉬며, 우리 가족이 보스턴 비행기에 타기 전 티켓을 두 번씩이나 검사를 하고 비행기 안내원이 좌석까지 안내했는데, 어떻게 이런 해프닝이 일어났는지 그 당시에는 정말 이해가 안 되었다.

다시 생각해 보면 첫 번째로는 나의 실수였다. 그러나 너무 미숙하게 운영이 되는 관리 체계를 생각하며 내가 오랫동안 동경했던 미국에 대해 잠시 다시 생각했다. 2001년 9월 11일 뉴욕 쌍둥이 빌딩 테러가 일어나고 있는 상황을 TV로 보면서, 시카고 공항에서 일어난 우리 가족의 해프닝이 문득 떠올랐다.

순댓국

   나의 중학생 시절 어머니는 식구들 먹거리 그리고 집안 생활비를 해결하기 위해 순대를 만들어 나무로 된 가판대 위의 큰 양은 다라이 안에 순대를 담아 시장에서 팔기 시작하였다.

   당시 어머니의 순대 만드는 모습을 더듬어 기억하니 돼지 피, 삶은 당면, 삶은 숙주, 두부 등을 큰 양은 다라이에서 잘 혼합하여 깔때기에 돼지 내장을 끼우고 혼합된 재료를 넣어 생순대를 만들고 마지막 순대 끝부분은 실로 단단히 묶었다. 그런 다음 큰 양은 솥에 돼지 부속물과 생순대를 넣고 오랜 시간 삶았다. 어느 정도 시간이 지난 후 끓고 있는 솥뚜껑을 열어 어머니는 이쑤시개 모양으로 된 나무로 순대 여러 곳을 찔렀다.

   순대가 다 익으면 나뭇가지로 찌른 부분에서 작은 기포와 맑은 물이 나왔고 덜 익었을 때는 붉은색 물이 나왔다. 그리고 잘 익은 순대를 건져 식혔다. 일부 터진 순대는 가족들의 식사 몫이었다. 순대 삶은 국물과 함께 먹으면 무척 맛있었던 당시 기억이 난다.

고국에 방문하여 가끔 순댓국을 사 먹으면 순댓국의 국물은 우윳빛이 나는 하얀 색이었다.

맛도 그러하거니와 물갈이를 자주하는 나는 순댓국을 먹고 나면 가끔 배탈이 났다. 시대가 빠르게 변하고 아마도 식재료를 공급하여 주는 곳에서 재료를 받아 비즈니스를 하기에 그럴 수도 있겠다는 생각이 들었다.

김치볶음밥

 국민학교 시절 우리 집에서 내가 다니던 국민학교까지의 거리는 가까운 거리였다. 나는 매우 특이하게도 국민학교 고학년이었을 때 홍역을 앓은 적이 있다. 며칠 동안 크게 아파 학교도 결석하였다. 그리고 며칠 결석 후 학교로 갈 때는 집에서 아무것도 먹지 못해 어머니께서 며칠 동안 도시락을 교실로 갖다주셨다. 양은으로 된 도시락에는 항상 똑같이 들기름으로 볶은 김치볶음밥이 있었다. 어머니께서 도시락을 갖고 와 교실 밖에서 서성이시면 선생님이 나를 불러 어머니 오셨다고 말씀해 주셔서 나는 교실 문밖으로 나가 도시락을 전달받았다.

 비가 오는 날에도 도시락을 갖다주셨는데 도시락이 머리에 쓰는 스카프로 몇 겹 쌓여 있고 식지도 않은 들기름 냄새가 풍기는 김치볶음밥이었다. 아마 어머니께서는 나에게 줄 도시락을 따뜻하게 전달하기 위해 가슴속에 안고 온 것 같았다.

 그 당시 참기름은 흔치 않고 기름을 넣고 음식을 만들 때는 들기름을 많이 사용한 것으로 기억된다. 도시락에 있는 들기름 김치볶음밥에 대한 맛의 기억은 없는데 지금도 기억에 어렴풋이 떠오르는 것은 스카프로 싼 식지 않은 들기름 김치볶음밥이었다.

나이가 들어 시니어 콘도에 살면서 아내와 나는 가끔 참기름을 넣고 김치볶음밥을 해 먹는데 어느 때인가 한번은 내가 김치볶음밥을 하면서 아내에게 초등학교 시절 어머니가 학교로 갖다주신 들기름 김치볶음밥 이야기를 하니까 아내가 나에게 "소설 쓰지 마"라고 핀잔을 주었다. 나는 겉으로 웃으며 알았다고 말하고 넘어가며 속으로는 소설이 아니라 이 이야기는 정말로 사실이라고 마음속으로 말했다.

가끔 김치볶음밥을 해 먹을 때마다 그때 어머니의 모습과(우리 반 문밖에서 서성이시던 모습) 나에게 전해 준 머리 스카프로 싼 들기름 김치볶음밥 도시락이 너무 선명하게 떠오른다.

여유로움

성인이 되어 나의 일상생활에 대한 생각을 바꾸는 계기를 만든 글이 있었는데 그 글은 평범 속에서 비범함이라는 글이었다.

미국 이민 생활을 하면서 집 밖으로 나가 음식을 사서 먹을 때에는 아침은 5불 미만, 점심은 10불 미만, 저녁은 간단하게 먹지만 부득이 외식을 할 경우는 20불 미만이라 마음속으로 정했다.

2017년경에 한국으로 왔을 때 주로 밖에서 음식을 사 먹었는데 그 당시 즐겨 먹었던 서민 음식에 대한 만족도가 높았다. 주로 볶음밥, 청국장, 백반, 동태찌개, 김치찌개, 설렁탕, 우동, 냉면 등을 먹었다. 어쩌다 가격이 나가는 음식점이나 뷔페에 초대되면 나는 자주 접하지 않아 그런지, 조금은 불편을 느낀 적도 있었다.

2022년 코로나19가 아직 성행했을 당시 여름철에 한국에서 내가 전에 즐겨 먹었던 여러 종류의 서민 음식을 먹어 보니 음식을 먹고 난 후 대체로 기분이 썩 좋지 않았다. 음식의 질과 양이 함께 떨어졌다는 느낌을 받았다. 물론 코로나19가 처음 창궐했을 때부터 오랜 기간 동안 점포 문을 닫고 있다가 전염병이 조금 수그러들어 다시 식당 문을 여니, 재료비와 인건비가 함께 너무 올라 점주들께서도 매우 힘든 시기를 맞은 것은 알고 있다.

미국에서 음식 장사를 해 보면, 음식 재료비가 너무 올라 음식 가격을 올리는 때도 있는데, 음식의 질과 양은 별로 변하지 않았다.

꼭 나쁜 것만은 아닌 것 같지만 너무나 빠르게 돌아가는 한국의 사회 전체가 여유로움과 다양성이 적어 보이고 너무나 획일적으로 돌아가는 듯한 모습을 보면 많은 생각이 떠오른다.

이제 내 나이가 많다는 것을 나 스스로도 느낀다. 아내는 70이 넘은 나를 아직까지 "Mr.Park"라고 부른다. 여건이 허락되면 지금까지 나와 함께 고생해 준 아내와 많은 곳을 여행 하고 싶다. 각 나라의 음식을 미국 화폐 기준으로 5불 이하의 아침 메뉴, 10불 이하의 점심 메뉴, 그리고 20불 이하의 저녁 메뉴와 숙소는 50불에서 100불 미만으로 정하고 우리의 여행을 즐겁게 하여 주는 현지인에게 나누어 줄 1불짜리 지폐를 넉넉히 준비하여, 획일적이지 않고 여유롭게, 그리고 매우 천천히 즐기고 싶다.